一〇八怪談
鬼姫

川奈まり子

竹書房
怪談
文庫

目次

※本書に登場する人物はさまざまな事情を考慮して仮名にしてあります。

第一話（序）一切の煩悩を如来の種となす

仏教が定めるところの煩悩《ぼんのう》の数にちなむ本作では、一〇八つの怪談を綴る。煩悩まみれの作者に誠に相応しいお題を与えてくれた編集者の慧眼《けいがん》に怨み……もとい、感謝を抱きつつ、これまで蒐集《しゅうしゅう》した奇譚をせっせとご披露して参りたい。

大乗仏教経典の一つ『維摩経《ゆいまきょう》』には、「一切の煩悩を如来《にょらい》の種となす」との一節がある。さまざまな煩悩こそが本来あるべき自分に近づくための気づきの種だという意味で、内省を促して真実の理に至る教えだという。

実際、たとえば、四〇歳のあるとき突然失明した男性を電話取材した折に、彼の口調の快活さ、時に暢気《のんき》と思えるほど大らかな物の考え方に、深く感銘を受けた覚えがある。

聞けば、視力を失った当初は深く落ち込み、三年ばかり実家に引き籠もったという。老いた両親や友人たちが入れ替わり立ち替わり来て、慰めたり励ましたりしたのだが、皆は目が見えるじゃないかと思うと悔しくてならなかった。怒鳴《どな》り散らして友を追い返し、親に向かって暴言を吐いては自己嫌悪に陥り、苦悩は深まるばかりだった。

浮上したきっかけは、失明から三年目の盆の入りに訪れた。

実家は大阪だが、先祖代々の菩提寺《ぼだいじ》は浜松にあって、毎年、お盆になると家族三人で浜松へ旅行する習慣があった。一昨年《おととし》と昨年は両親だけで浜松を訪ねたが、以前は観光も兼ねて三日ほどあちらに滞在していたのに、ここ二回は彼を気遣って日帰りしてきた。

今年も親は自分に遠慮して満足に観光旅行もできない。そう思うと遣《や》る瀬なく、そろそろ死んでしまおうと考えた。次に目が覚めたら自殺しようと決心して、その晩は眠った。

すると、夢に父方の祖父が出てきた。物心つく前に鬼籍に入った人で、遺影でしか顔を見たことがない。その遺影そっくりな人が、菩提寺にある代々の墓に腰かけて、キセルで刻み煙草をふかしていた。墓所に供えられた新鮮な花々、白い入道雲と紺碧《こんぺき》の空、霊園を包む緑の木立ち――二度と網膜《もうまく》には映らなくなった光と色彩が夢の中には溢れていた。

祖父は、彼の姿を認めるや顔をほころばせて、空いている方の手を挙げた。

「おう、澄夫《すみお》！」

澄夫は彼の名前だ。呼ばれたところで、目が覚めた。

夢で見た眩しい夏景色を想い返して、真の光は胸に宿っていたことに気づいた。そうしたら、俄然《がぜん》、生きる勇気が湧いてきた。祖父に感謝を捧げるために、両親に頼んで浜松の菩提寺に連れていかせた。本堂でお経をあげてもらっていると、誰かが後ろに佇んだ。

「じいちゃんか？」と心の中で訊ねたところ、芳《かぐわ》しい菊の香がにわかに濃密に垂れこめた。

第二話　超感覚チャット

第一話で登場した澄夫さんが視力を失ったのは一八年前のことだ。この一〇年余りは、視覚障碍者のデジタルサポートビジネスを営んでいる。視覚障碍者向けにパソコンとスマホの使い方の個人レッスンやグループレッスンの講義に精力的に取り組むほか、ご自身でもインターネットのＳＮＳを愉しまれ、それ故、私に体験談を応募なさった次第である。

澄夫さんから聞くまで知らなかったが、パソコンやスマートフォンのＯＳには、視覚障碍者を想定したアクセシビリティ機能が備わっているそうだ。画面に表示されたテキストを機械音声で読み上げるのがそれだ。

昨今は音声や動画を配信することでネット上で会議が開けるアプリもあって、澄夫さんたち視覚障碍者にとっては、パソコンやスマホは日常に欠かせない道具になりつつある。

あるとき、いつものように会議アプリで視覚障碍を持つ友人数名でチャットしていると、参加者の一人が、浜松の心霊スポットの話をしはじめた。

「〇〇町の福祉交流センターの辺りには、行けば必ず幽霊が出る。第二次大戦の浜松空襲のときに犠牲者のご遺体をあの辺に埋めたと聞いている」

澄夫さんは子どもの頃、浜松に住んでいた。生まれ故郷の話だから当然興味を惹かれる。

おまけに○○町の福祉交流センターには、昔、何度も訪れたことがあった。

あそこは、どういうわけか地下一階が関係者以外立ち入り禁止になっていた。今まで深く考えたことはなかったが、怪しいと言われてみればそんな気もしてきて、「あのセンターの地下一階は、関係者以外立ち入り禁止だった」と発言した。

その途端に肩に圧を感じた。同時にチャット仲間たちが「今、空気が重くなった」と口々に騒ぎだした。「皆のオーラが一斉に黒っぽく変わった」と指摘する者もいた。

澄夫さんによれば、人が発するオーラの色が感じ取れる視覚障碍者は少なくないという。

「きっと、この話は禁忌《きんき》なんだ」と言い出しっぺが怯えはじめて、皆で話題を切り替えた。
○○福祉交流センターは公園に隣接しており、戦時中の仮埋葬地跡はなぜか公園や大型施設になっていることが多く、また、事故物件公示サイト《大島てる》を参照したら、すぐ近くにある一棟のマンションに心理的瑕疵《かし》物件となった部屋が四室もあったので……。
彼らは鋭敏な感覚を持つがゆえに、隠れた心霊スポットを見つけてしまうのやも。

第三話　化身した鹿

道東のオホーツク地方は古くは網走《あばしり》管区と呼ばれ、シベリアから流氷が流れ着くことにも見られる通り、冬の寒さがことのほか厳しい。その反面、日照時間には恵まれており、初夏から初秋までは穏やかな気候が続く。従って山野の自然がたいへん豊かで、内陸部には原生林に覆われた丘陵地帯が広がっている。

オホーツク地方の北端、紋別《もんべつ》郡の生田原《いくたはら》という所に住む病院職員、卓克《たくみ》さんは、月の明るい九月の夜に、北見《きたみ》市からの帰路を辿って車を走らせていた。

職場がある北見市と生田原を結ぶ国道は、北見の市街地から留辺蘂《るべしべ》町まではＪＲ石北《せきほく》本線に沿って住宅街や田園地帯の中を抜けていくのだが、留辺蘂町を過ぎると道が線路から離れだして、この先、生田原までの二五キロ弱は人家が途絶えた峠道となる。

街路灯も無く、道の両側は深い森だ。卓克さんはその日、退勤後に北見の繁華街で同僚と晩飯を食べた。その辺りに差し掛かったのは午後一〇時半頃で、いつものことだが前後の道に車影も人影もまったく無い。

……と、そのとき突如として、前方に鹿《しか》が飛び出してきた。

ブレーキを踏んで急停止する。車のフロントから鹿まで三メートルほど。鹿は一瞬立ち止まってこちらを向いた。双眸《そうぼう》の夕ペタムが真っ白に輝いた。枝角を冠した牡鹿だ。

それが道を横切って反対側の森へ消えると、後に続いて牝や若い牡がぞろぞろと道に出てきた。二〇頭近くも行列しているようだ。この近辺で鹿を見かけることは珍しくないが、こんな大きな群れに遭遇するのは初めてで、神秘的な光景に胸を打たれた。

鹿たちはスローモーションのようにゆったりした歩様で行進し、やがて最後の一頭になった。それが去ったら車を動かせる。ところが、その鹿だけが道を渡り切る寸前でぴたりと立ち止まってしまった。どうしたのだろうと思ったら、鹿はやにわに両前肢を持ち上げて背筋を伸ばし、人のように二本足で立った。

――いや、立ったときには人の姿になっていた。

そして、卓克さんの方を振り向いて、白く燃える瞳で睨《にら》みつけた。

「えっ、と思ったら、もういませんでした。素早く森に入っていったのか、それとも幻だったのか……。翌日、出勤する際に、その辺りで車のスピードを落として道の両側を観察してみたんです。すると右側に、ポール状の標識が立っていました。路肩に車を停めて確かめたところ、ポールに《常紋《じょうもん》トンネル工事殉難者追悼碑　入り口》と記されていたので……」

あらためて恐ろしくなってしまった、と、卓克さんは話を結んだ。

第四話　常紋トンネル

第三話の卓克さんは道央の都市で生まれ育ち、生田原に引っ越してから日が浅かったので、常紋トンネルについて何も知らなかった。いつも通っている国道の傍にトンネル工事殉難者の慰霊碑があったことも、それまで気がつかなかったのである。

鹿の一件から初めて興味を持ち、職場の人たちに事情を聞いてみたところ、

「常紋トンネルや北見側に出た信号所にはオバケが出ると昔から言われている」

「昭和の頃、地震でトンネルの壁が崩落したら中から人骨が見つかり、これは人柱だということになって慰霊碑を建てたそうだ」

などと教えられて、あの不思議な鹿の正体は、トンネルの人柱にされた犠牲者の霊だろうかと想像するようになったという。

私は異なる解釈も成り立つと思う。というのも、常紋トンネルの工事人足はタコ部屋（多工部屋）と呼ばれた監禁システムの下で強制労働させられ、酷い折檻や作業中の事故で負った怪我がもとで亡くなることも多く、その遺体の大半が付近の山に無雑作に埋められたと言われているので。

一九一二年の着工から一九一四年のトンネル開通までに、一〇〇人を超えるとも、一説

によれば四〇〇人余りに及んだとも言われる労働者が命を落とした。

昨今でも、常紋トンネル周辺で山菜採りをしていた近隣住民が白骨化した遺体を見つけたことがあるという。また、こうした犠牲者を供養するために近くに寺を建てたのだが、その工事中にも五〇体もの白骨化した遺体が掘り起こされたとか……。

——山に棄てられた死者たちの魂が鹿に化身して、満月の晩に群れをなして彷徨《さまよ》う。

こういう解釈はロマンチックすぎるだろうか。


尚《なお》、人柱についても、恐ろしいことに真実の可能性がある。

一九六八年の十勝沖《とかちおき》地震で常紋トンネルの壁面が損傷した。そして七〇年に改修工事が始まったところ、垂直に立った格好で壁に埋められていた遺体が発見されたのだ。白骨化していたが、頭蓋骨などに鈍器で撲《なぐ》られた痕跡があった。

発掘調査が行われることになり、トンネルの入り口付近からさらに一〇体の人骨が見つかったとのこと。

人柱の作法に則ったとしたら、人身御供は生きたまま埋められたのだが……。

たった一〇〇年少し前のことである。

第五話　ほくろの後継者

春夫《はるお》さんが三歳のときに、霊感があるという母方の祖母が亡くなった。母は何人もいるきょうだいの末っ子で、祖父母に特に可愛がられていた。そんな母の初めての子どもである春夫さんにも、祖父母はとても甘かった。

春夫さんの初めての記憶は、祖母の首の右横にある七つのほくろだ。

「北斗七星《ほくとしちせい》の格好に並んでいるのよ。珍しいでしょう」と祖母が教えてくれたので、北斗七星という星座があることを知ったのだった。

祖母におんぶしてもらうと、ほくろがよく見えた。ほくろを触っても叱られなかった。そんな優しい祖母が彼の世へ旅立ち、泣いているうちに初七日を迎えた。

その朝、春夫さんの着替えを手伝っていた母が、昨夜まではシミ一つなかった幼い息子の首筋に出来ている北斗七星のほくろを見つけた。

両親も、法事で集まってきた親戚たちも、一様に感動の面持ちで春夫さんを見つめて、

「おばあちゃんの力を授かったんだね」

と、言った。その夜、蒲団《ふとん》に横たわっていたら、見えない手に頭を撫でられた。

第六話　趣味友だち

骨董には悪因縁がつきものだというが、熱心な数寄者《すきしゃ》も昔から多い。

武文《たけふみ》さんとイシダさんもそうだった。イシダさんが三〇代、武文さんが二〇代の頃に東京の同じ会社の先輩後輩として知り合い、イシダさんが郷里の大磯《おおいそ》に引っ込んでから後も、骨董という共通の趣味があるために交流が続いた。

イシダさんは研究熱心で、こと焼き物については造詣が深く、武文さんは彼の弟子のようなものだった。イシダさんが茶道師範だという母親と二人で暮らす数寄屋造りの古い邸を年に数度は訪問して、あれこれ教えてもらっていた。

付き合いだしてそろそろ二〇年も経つというその日も、彼はイシダ邸を訪ねた。

しかし、このときに限り、数多の骨董品が飾られた光景を禍々《まがまが》しく感じた。

なぜか急にゾッとして、骨董から足が遠のき、イシダさんとも会わなくなった。

それから一年半もして、あるとき急にイシダさんのオークションサイトのアカウントを見てみようと思いついたところ、アカウントが消えていることに気づいた。スマホも繋がらず、大磯の邸に電話をしたら母親が出て、「昨日亡くなりました」と告げられた。

第七話　白髪

現在三八歳の直之《なおゆき》さんは、中学一年生のとき、いじめが原因で不登校になった。

彼は二人兄弟の次男で、両親と兄は優しかったが、弱い自分に自己嫌悪したり、この先どうしようかと悶々《もんもん》としたりするうちに、だんだん死にたくなってきた。

四月になって同級生たちが二年生に進級すると、自殺願望が具体性を帯びてきて、いつどうやってどこで死ぬか、そればかりを考えるようになった。

一戸建ての家の二階に自室を与えられていた。そこに引き籠もって、最低限の用を足すためにしか部屋の外に出なかった。数ヶ月も経つと昼も夜も関係なくなり、四月のそのときも、昼日中からうつらうつらと眠りかけていた。

夢なのか、いつしか海原に臨む断崖絶壁に立って下を見下ろしていた。

足が竦《すく》んだ……と、途端に真っ逆さまに崖から転落して……一〇〇メートルは優に落っこちたと思ったら、自分の部屋の蒲団に着地していた。

落ちた感覚があってビクンッとなることは珍しくない。

寝入りばなに体が突然落下した感じがしてビクッとする現象《ジャーキング》は、誰しも経験するものだ。心身が疲れているときに特に起きやすいと言われている。

――それにしても、今のは景色まで見えて生々しかった。

いったん起きたが、することもないので、再び横になった。

すると、顔面にバサーッと大量の白髪が被さってきた。

同時に身動きが取れなくなり、白髪の主に圧《の》し掛かられているのだとわかった。

髪は老人に特有の臭いを発して脂《あぶら》じみ、もつれあっていて長かった。

あまりのことに凍りついたが、すぐに瞼《まぶた》がバチッと閉じられた。自分の意志で目を閉じたのではない。白髪の主の超能力で強制的に瞑《つむ》らされたのだと思った。

その直後に、顔に触っていた髪の感触と全身の圧迫感が失せた。

恐々《こわごわ》と目を開けてみると白髪も見えず、異常な点は無かったが、また寝る気にはなれないどころか部屋に留まることすら怖くてたまらず、一階に降りた。

そこへたまたま母が来て、自発的に部屋から出てきた彼を見ると嬉しそうな表情をした。

ちょうどそのとき玄関のインターフォンが鳴った。

家を訪ねてきたのは、この春から直之さんのクラス担任になった中学校の先生だった。

直之さんは「結局、この先生のお陰で学校に行けるようになり、いじめも解決していきました。あの白髪の何かは悪いものではなかったのかも……」と仰っている。

第八話　悲鳴

重幸《しげゆき》さんは眼鏡屋を経営している。センスを感じさせる個性的な眼鏡の品揃えに力を入れていて、目が高そうなお客さんを探して方々へ営業を掛ける毎日だ。たまたま知り合った某関取に相撲部屋へ招いてもらって、同じ部屋の力士たちに商品を勧めたこともあった。すると皆、重幸さんから眼鏡を買ってくれるようになった。そこで、重幸さんの方でも熱心に彼らを応援するようになった。

今から八年ほど前のことになるが、いつものように両国《りょうごく》国技館に初場所の番付表を買いに行ってみたら、国技館が改装工事中とのことで購入が叶わなかった。

その日は仕事が休みだったので、時間が余った。そこで気まぐれに、バスや水上バスなど電車以外の乗り物で東京散歩をしてみようと思い立ち、まずは両国から錦糸町《きんしちょう》行きの都営バスに乗った。錦糸町に着くと亀戸天神《かめいどてんじん》などを見物して、次にまたバスで東京ビッグサイトへ移動した。

東京ビッグサイトは日本最大のコンベンション施設で、一年中さまざまなイベントが催されている。下調べしていなかったけれど、何かやっているだろうと期待していた。ところが、この日に限って次回展示のための準備中で閉まっていた。

なんだかツイていない日だと思いつつ、だったら水上バスに乗って潮風に吹かれようじゃないかと考えた。東京ビッグサイトは、すぐ近くに水上バス乗り場があるのだ。

しかし行ってみたら、これも運休。

不運にも程がある、何かに祟られているんじゃないかと内心ボヤきながら、水上バス乗り場に行ったついでに、そこにある公衆トイレで用を足すことにした。

東屋《あづまや》のような屋根が付いた洒落《しゃれ》たトイレだ。中も清潔で、個室が五つあった。

女子トイレとは壁で隔てられている。男子トイレの個室はどれも空き表示が出ていて人の気配が無く、女子トイレにも誰もいないようで水音ひとつ聞こえてこない。

五つある内の真ん中の個室に入り、下を脱いで便座に尻をつけた……その途端に、壁の向こうで誰かが凄まじい悲鳴を発した。

「ギャアーッ！　ギャアァーッ！」

驚いて、出るはずのものが引っ込んだ。明らかに若い女の声だ。絶叫は長く尾を引いて続いている。女子トイレで何か起きているのだ。

ハッと我に返ってズボンを上げ、個室から飛び出すまでは、確かに悲鳴が聞こえていた。

しかし、個室から出ると同時に声が止んだ。女子トイレの出入り口から中へ向かっていった。

「大丈夫ですか？」と声を掛けたが、返事は無く、どの個室のドアにも空き表示が出ていた。

第九話　宮ヶ瀬レイクライン

神奈川県相模原市《さがみはら》にある宮ヶ瀬湖《みやがせこ》は東京圏の手軽な観光スポットとして人気が高い。自家用車があれば湖畔のドライブがお勧めだ。景観が素晴らしくて見所が豊富だ。

眼鏡屋の重幸さんは二〇年来の親友と、ときどきドライブに出掛ける。あちこち訪ねたが、四年ぐらい前の八月一五日のドライブは忘れられないという。

その日は二人で重幸さんが運転する車に同乗して宮ヶ瀬湖畔へ行った。厚木《あつぎ》方面からアプローチして、陽射しが躍る水面が見えてきたのが午前一一時頃。宮ヶ瀬ダムから中津川《なかつがわ》への流入地点だ。ここから《宮ヶ瀬レイクライン》と呼ばれる湖畔を周遊する道路に入る。

水辺の道を少し行くと、すぐに宮ヶ瀬トンネルに差し掛かる。

トンネルに入るとき、中から青い作業服に黄色いヘルメットといった一見して工事作業員とわかる人たちが四人ばかり出てきて、ちょうど擦れ違った。

それを見て、「この暑いさなかに工事するなんて大変だねぇ」と、彼は助手席の友人に話しかけた。すると友人は驚いた口ぶりで、こう返した。

「え？　工事？　誰もいなかったじゃん！」

そんな筈はないと思ったが、気を取り直して尚も進むと、ほどなく宮ヶ瀬湖の人気スポット《虹の大橋》が視界に入ってきた。あの橋を車で渡って湖の向こう岸へ行くのだ。

しかし、あれは何か？　橋から黒い影が、幾つも幾つも、湖面に落ちていくのだが。

目を凝らして見つめつつ、さらに橋に近づくうちに、墜落するものの正体がわかった。

「わあ！　橋の上から繰り返し人が飛び降りてるよ！」

思わず大声を出すと、友人がまた吃驚《びっくり》して、「そんな馬鹿な！」と応えた。

「見なよ。あの橋には高いフェンスが付いてるじゃないか。飛び降りられるわけがない！」

言われてみればその通りなのだが、落ちる人影が見えたことは事実だ。だが、そう指摘されてから急に見えなくなった。納得がいかず、もやもやした気持ちで橋を渡った。

宮ヶ瀬レイクラインも終盤に差し掛かった。《宮ヶ瀬ダム》の方へ車を進めていく。

……と、バックミラーに黒いバイクが映った。

ヘルメットもツナギもバイクのカウルも真っ黒だ。レース仕様の大型二輪で、見るからに本格的な走り屋っぽい。

「おい！　後ろのバイク、カッコいいな！」と、重幸さんは感心して叫んだ。

友人は振り返ったのに黙っている。何か言えよ、と、思ったが、そのとき、後ろにいたバイクが前方二〇メートル辺りに忽然《こつぜん》と現れたので、重幸さんも言葉を失った。

第一〇話　黒いバイク

友人を助手席に乗せて宮ヶ瀬湖畔をドライブしていた重幸さんは、後ろから来た黒いバイクにいつの間にか一瞬で追い抜かれていた。追い越されたことに気づかないのは面妖なことだが、すぐに不思議がっている場合ではない状況になった。

と、いうのも、件《くだん》のバイクが激しく転倒してしまったのだ。見ている前で、ガードレールの隙間に突っ込んで山肌にクラッシュするではないか！

重幸さんは悲鳴をあげながら大慌てで路肩に車を停めて、そちらの方へ走っていった。

だが、路面にもガードレールにも何の痕跡も見当たらなかった。

とぼとぼと車に戻ると、助手席に座ったまま彼を待っていた友人が口を開いた。

「一週間前、ここで大学のときの同級生がバイク事故で死んだんだ。宮ヶ瀬に行くと決まったときに、きっとこの場所を通ると思ったんだけど、辛気臭くなるから黙ってた」

第一一話　人気店

神奈川県のとあるラーメン屋でアルバイトをしはじめた翔真《しょうま》さんは、この店にいるときに限って変な目に遭うのだという。

繁盛しているとは言い難い店で、なぜか客層が若い女の子と五〇代から六〇代のおじさんに偏《かたよ》っており、昼飯どきになっても三、四人しか客がいないこともざらなのだが。

それなのに、三〇代くらいの快活なおにいさんの声で「すみません！」と呼ばれたり、おばさんの声で「お勘定お願いします」と言われたりする。

誰も客が入らず、閑古鳥《かんこどり》が鳴いていた黄昏《たそがれ》どきに、ズゾゾゾ……と、ラーメンを啜る音が店内に響いたときもあった。

カウンターの中にいると見えない客がたくさん来ているような気がして落ち着かず、店長にそう打ち明けたら、「土地が悪いんじゃないか」と言われたけれど、それ以上のことはどうしても教えてもらえない。

第一二話　グランドオープン

およそ二〇年前に開店した千葉県の某ショッピングモールのこと。

間もなくグランドオープンというときに、そこの社長が一人っきりで視察に訪れた。

深夜に忍んでのことだった。いつものように家に送るものと思っていた社長付きの運転手は、突然の行き先変更に驚きながらも理解を示してこう言った。

「いよいよ、ですものね」

企画発案からここまでの道程は長く険しいもので、運転手すらその苦労を察していたのだ。大勢の汗と涙が結実してついに完成した——と、社長は感動を噛みしめながら、暗いエントランスに足を踏み入れた。

エントランスの内側は、二階にバルコニーを張りめぐらせた吹き抜けのホールだ。四方から視線を感じ、不審に思いながら急いで照明のスイッチを入れた、その直後、

「おめでとうございます！　グランドオープン万歳！」

割れんばかりの大きな歓声が弾けた。

バルコニーに人が鈴なりだ。一階のホールの周囲にも大勢の人々がいて、皆で一斉に歓呼の声をあげている。「おめでとうございます！」「万歳！」「万歳！」……。

呆気にとられていると、群衆は皆一斉に社長に向かってお辞儀をして、頭を下げた格好のままスーッと消えていった。

社長は感無量で、泣きながら家路についたとのこと。

彼のショッピングモールは今でも繁盛している。

あの大勢の不思議な人々が、生霊だったのか精霊だったのか、確たる心あたりがあるわけではないけれど、彼らが事業を手伝ってくれているお陰で、今日まで成功しているのだと社長は思っているのだという。

第一三話　緑のトイレ

一九七三年の夏、当時小学三年生の小百合《さゆり》さんは、兵庫県の明石《あかし》市から加古《かこ》郡に引っ越した。明石市というところは昔から宅地開発がなされた小都市だが、その頃の加古郡は寂寞とした景色が広がる田舎だった。田畑の合間に板壁に瓦屋根を戴いた古い民家がポッポツリと建っているかと思うと、南の海沿いは一転して無機質な工業地帯で、いずれにしても人は少なく、空ばかりが広かった。

小百合さんが転入した小学校は、しばらく前に創立百周年を迎えたという古い公立小学校で、昭和一九年に建てられた木造校舎をまだ使っていた。この校舎のトイレは建物の外に併設された汲み取り式のボットン便所で、ここには怖い噂があった。

トイレに五つある個室のうち真ん中の一つで以前、女の子が便槽に落ちて亡くなり、以来、その個室に限って白い便器が緑に変わってしまい、この「緑のトイレ」を見ると祟られると言い伝えられていたのだ。問題の個室が閉鎖されていないので、尚のこと恐ろしい。

小百合さんが知る限り、緑のトイレを開けてみた猛者はいなかった。

やがて鉄筋コンクリートの新校舎が建設されて、小百合さんが六年生のとき、木造校舎の閉鎖が決まった。そこで夏休み中に「さよなら旧校舎」というコンセプトで木造校舎で合宿と肝試しが催されることになった。

肝試しの仕掛けが発表されると、生徒たちに動揺が走った。肝試しには「どこそこに置いてある蝋燭《ろうそく》を取ってこい」といったミッションが付き物で、このときも幾つかのミッションが課されていたのだが、そのうちの一つが、「外トイレの真ん中の個室を見てくること」だったのだ。……つまり、緑のトイレを見て来いというのである！

三人ひと組で懐中電灯を頼りに順路を巡り、いよいよ問題のトイレに行ってみたら、前の三人組が怖くて中に入れずにいた。

「六人で行けば怖ないで」と誰かが言い、臭くて暗いトイレの中に団子になって入った。

そして先頭の子が「ほな、開けるで」と、五つあるうち真ん中の個室のドアを一息で大きく開け放った。すると一同の目に異様な光景が飛び込んできた。

便座だけではなく、壁や床、ドアの内側まで、緑色のペンキが塗りたくられていたのだ。

小百合さんたちは悲鳴をあげてトイレから走り出た。

その後、二学期が始まると、六年生の女子が一人いなくなっていて、肝試しの後で緑のトイレに落ちて、それが原因で死んだのだという噂が流れた。

転校したと思うべきだが、先生方からはなぜか何の説明もなく、真相は今もわからない。

第一四話　入り盆の坂

湯本《ゆもと》温泉で知られる福島県いわき市の旧常磐《じょうばん》湯本の辺りは、湯ノ岳《ゆのたけ》や天狗山《てんぐやま》が連なる阿武隈《あぶくま》高地の一角を成し、丘陵地が大半を占める。

現在中学三年生の悠斗《ゆうと》さんは、湯本駅からほど近い丘の麓で家族と暮らしている。丘には建売住宅団地があって、似たような外観の二階家が建ち並ぶ。麓と通じる団地内の道路はどれも坂道で、角やカーブが多くて見通しが悪い。

悠斗さんが小学六年生の八月一三日、つまり盆の入り日に、丘の団地に住む友人が家に遊びに来た。その日は土曜日で、友人はお盆の支度をして両親が待っているからと言って午後四時過ぎに帰っていった。それから小一時間もして、悠斗さんは友人がゲーム機を忘れていったことに気がついた。

真夏のよく晴れた日だったから五時を回っても黄昏の気配はまだ遠く、表は明るい。母にわけを話して、ゲーム機を持って外へ出た。友人の家は、徒歩で一〇分余り先の丘の頂上付近にある。西日に陽炎《かげろう》が立つ坂道を上っていくと、一つ目のカーブを曲がったところで、前方から、目深に野球帽を被った白いランニングシャツの子どもがやってきた。

小二か小三ぐらい、と、悠斗さんはその子を見て思った。知らない顔だ。なんだか変な格好をしてる。あんなシャツ、下着じゃないか……。

子どもは坂を下りてくると、擦れ違いざまに舌打ちをした。嫌な感じだったが、気にせず悠斗さんは先を急いだ。家々の庭木から降る蝉《せみ》しぐれを浴びながら歩いていったら、道を曲がった先にさっきの子が現れた。再び擦れ違い、また舌打ちされた。

あれ？　と、思って振り返ったが、もうカーブを曲がっていったようで、姿が見えない。

ともあれ、友人の家を訪ねてゲーム機を届けた。盆の入り支度を始めていたから邪魔をせず、すぐに引き返すことにして、今度は坂を下りはじめた。

カーブを曲がると、またしても白いランニングシャツの子どもが向かい側からやってきて、擦れ違いざまに舌打ちされた。汗が一瞬で冷えて、全身の肌が粟《あわ》立った。ワッと叫んで駆け出して、グングン走った。次のコーナーが迫ってくる。あのコーナーの先でまた擦れ違うんじゃないかと思い、これも恐ろしかった。

案の定、擦れ違った！　でも家はすぐそこだ。ほら、見えてきた。

門の前で、あの子が通せんぼしていた。両手を横に広げて遠い目をして、ハハハハハと声を上げて笑っている。泣き喚《わめ》きながら横をすり抜けて、玄関まで駆け抜けた。

出迎えた母に一部始終を話したけれど、母が玄関から表に出てみたときには、件の子どもは立ち去ってしまった後で、もう姿が見えなかったという。

第一五話　来たもの

智子《ともこ》さんは、長男の悠斗から話を聞いて青ざめた。何しろ日が悪い。今日は入り盆の八月一三日だ。息子によれば同じ子どもと何度も擦れ違い、最後は門のところで通せんぼされたのだという。

「悠斗は悪い霊さ目ぇつけられだんでねぇかしら」と、まだ会社にいる夫の携帯電話に電話して訴えた。「なんとがしねと！　後輩にお寺の子がいるっつってたじゃない？」

夫は、その後輩にすぐに相談して、会社からの帰りがけに彼の家兼寺院に立ち寄り、お札とお浄めの塩を分けてもらってきた。

「ご住職が、このお札ぁ貼って、家の四隅さ塩盛っておげば悪いもんは入って来ねぇど」

お札は、悠斗と三歳の次男が使っている子ども部屋に貼った。塩は「どこの四隅だべ？」と夫婦で額を合わせて考え込んだ挙句、芋殻《いもがら》を焚くために庭へ出たついでに、建物の角の四ヶ所に盛り塩をした。

夜、息子たちが二階の子ども部屋に引き揚げてから、夫と二人で精霊棚を整えた。胡瓜《きゅうり》と茄子《なす》に割り箸で足をつけてお供えし終えたときには、夜の一一時を過ぎていた。支度も済んだし、そろそろ寝ようかと夫婦で話していたところ、さっきまでそばで寝そべっていた飼い犬の姿が見えないことに気づいた。

その直後、家のどこかで盛んに犬が吠えだした。キャンキャンと甲高《かんだか》い声で激しく鳴いている。……穏やかな性質の犬で、普段は滅多に吠えないのに。

名前を呼んでも一向に鳴きやまない。子どもたちが起きてしまう、と、心配しながら夫と一緒に探してみたら、犬は子ども部屋にいて、部屋の一方の角へ向かって牙を剥《む》いて唸《うな》ったり吠えたりしていた。四肢を突っ張り、今にも何かに飛び掛かりそうに身構えているが、部屋の角には何もない。また、もうこれで何分間も犬がすぐ傍で喧《やかま》しく吠えつづけているというのに、兄弟とも身じろぎもせず、死んだように眠っていた。

まさか本当に死んでるんじゃ……と、不安を感じながら電気を点けた。その直後、

「もう少しだったのに」

と、智子さんの耳もとで子どもの声が囁いた。

悲鳴を上げたら、子どもたちが目を覚まし、犬が鳴きやんだ。

その夜は、一階の居間で家族四人と一匹で寝た。

朝、庭に出てみたら、犬が吠えかかっていた角の真下に置いた盛り塩が、夜のうちに踏みにじられていて、塩の上に、小さな運動靴の跡が残されていた。

第一六話　あの子の行き先

もう一二歳で分別のある長男が怪談じみた出来事に遭ったと妻に訴えたことから、大輔《だいすけ》さんはお札とお浄めの塩を寺から貰ってきて対処したのだが、夜中に何もいない方に犬が吠えたり、盛り塩が崩されて怪しい子どもの靴跡がついてたりして、努力の甲斐が無かったとわかり、おまけに妻は子ども部屋で変な声を聞いたと言って酷《ひど》い怯えよう。

入り盆の日に起きたことが霊の仕業を示唆するようで、大輔さん自身も少々怖かった。

そこで、会社の同僚が拝み屋さんに除霊してもらったと話していたことを思い出した。

すぐに紹介してもらって、家族全員で訪ねたところ、その拝み屋さんは六〇代後半か七〇前後と見えるおばさんで、評判は高いらしいが、いたって普通の外見、家にも祭壇があるわけではなく、道具は数珠《じゅず》だけだったので、なんとも心もとない感じがした。

しかも「エイエイッ、エイエイエイッ」と声を上げながら宙で手刀を切って、ちょっと拝んだだけで、「これでもう充分だ」と言われたので、不安を覚えた。

「本当だが？　座敷さ通されでがら、まだ一〇分も経ってませんよ？」

「九字ぃ切ったんだ。あどは、お線香の束をひと月の間、朝晩、庭で焚いで、その横さ水備えで、これも毎日替えらんしょ。霊を消すわげでねぇが、来ねぇようになるから」

「では、お札や盛り塩は……」

「やめらんしょ。向ごうは挑発されだで思ったみだいだ。同じごどしたら、わがねだよ」

半信半疑だったが、教えられたとおりに、朝晩、線香の束を焚き、湯呑の水を供えた。効き目があったようで、早くも初日からおかしな現象は一切起きなくなったけれど、大輔さんは一ヶ月間、真面目にやり遂げた。


それから三ヶ月以上が経ち、忘年会の二次会に参加した折に、なんとなく皆で怖い話をする雰囲気になったので、大輔さんは、この盆の入りから始まった一連の出来事を披露した。

そこはスナックで、若いホステスが傍で話を聞いていた。そして大輔さんが語り終えると笑い飛ばして「嘘だぁ！」と大声で言った。失礼な女だと思ったが、黙っていた。

翌日、二次会に参加していた二〇代の後輩から会社で呼びとめられた。

「先輩、昨日スナックで嘘だぁって笑ってた女の子と僕、連絡先を交換したんですが、明け方、彼女がこんなことを言ってきたんですよ。寝ていたら冷たい手で腕を掴んで揺すられて、見たら、枕もとに野球帽で白いランニングシャツの男の子がいたって……」

これにはゾッとした。なぜなら彼は子どもの服装のことまでは話していなかったので。

第一七話　怒り弁天

いわき市の湯本温泉で芸者置屋を経営してきた父が鬼籍に入ると、長年の得意客である某社の会長が、芸妓たちを元気づけるために、高さ三〇センチばかりの弁天像《べんてん》をくれた。大輔さんと母が共同で父の跡を継いで間もない頃で、二人は会長の厚意に感謝したが、件の弁天像は、彫刻は精緻《せいち》なものの、女体の表現がなまめかしさを通りすぎて嫌らしく、肝心の芸妓たちの失笑を買ってしまった。若い雛妓《すうぎ》の中には引っくり返して弁天様のほとを覗く不躾《ぶしつけ》なのもおり、流石に大輔さんの母がたしなめたが、手遅れだった。

やにわに置屋じゅう至るところで鳴り響くラップ音！

勝手にテレビが点き、ザーッと大音量で鳴りながら暗く淀んだ不気味な画面を映し出し、コンセントから電気コードを引き抜いても消えない。そのときには、すでに母の愛犬は泡を吹いて引っ繰り返り意識がなく、芸妓たちは全員裸足で外へ逃げ出す大騒ぎ――。

「どうにかしておくれ！」と母にすがりついて頼まれたが、大輔さんもどうしていいかわからない。取り敢えず果敢に置屋の中に戻ったものの、空気が静電気を帯びてそこらじゅうでパチパチと青い火花を散らす。「イテッ！　アチチッ！」と、手で顔を守りながら、弁天像に近づいて、会長から貰ったときに納められていた桐箱へ仕舞おうとした。

芸妓たちは、その間、開いているドアから中を覗き込んで、彼を見守っていた。あと少しで弁天像に手が届くというとき、芸妓のうちの誰かがアッと叫んでこう言った。

「あそこに赤い服を着た女が！」

振り向いて、指差された方を見たけれど、そちらには消えないテレビがあるだけだった。とにかくこの弁天像を箱に入れよう。むんずと掴んで、箱の中に寝かせてみたところ、顔が変わっていた。元は口を結んで嫣然《えんぜん》と微笑んでいたのが、薄紅色の唇を開いてニタニタと嗤っている。ナンマンダブ……と思わず祈りつつ慌てて箱の蓋を閉じた。

たちまちテレビが消え、犬が元気になって跳ねまわった。念のために獣医に診せるからと母が犬を連れ、ついでに弁天像を会長に返してくると言って、桐箱を持って出て行った。

大輔さんは「験《げん》直しに一杯やろう」と芸妓たちを引き連れて料理屋へ。

置屋に戻ったのは午前二時頃。芸妓らは各々《おのおの》の部屋へ引っ込み、大輔さんは帰宅するためにハイヤーを呼んで、車が来るまで事務所で休むことにした。

肘掛け椅子に沈んでぼんやりしていると、突然テレビが点いて映像が流れた。長い黒髪の人物の後ろ姿が映っている。ギョッとして見つめたら、すぐにそいつが体ごと振り向きはじめた。赤い服の女だ。一重瞼の切れ長の目があの弁天像に似ていた。彼は腰を抜かし、這って外へ逃げ出した。——それからは何事も起こっていない。

第一八話　弁才天の蛇

第一七話で、懇意にしている会長が弁天像を置屋に贈ったのは、弁天すなわち弁才天は芸事の神さまとされていて、昔から芸妓衆の崇拝を集め、今日でも芸事の上達を願って各地の弁才天を参拝する芸妓がいるからであろう。

像を贈ってくれた会長は、「そちらのお店の守り神になればいいと願っていたのに、気風が合わなかったのは残念だ」と、後で話していたという。

人形に悪霊が憑くことがあるとすれば、木像に憑いてもおかしくない。弁才天に罪はなく、置屋に潜んでいた怨霊が悪さをしたのではないだろうか。

しかしながら弁才天も、元を糺《ただ》せばヒンドゥー教の女神・サラスヴァティーであり、これが仏教の神の天部として日本にもたらされた後、宇賀神《うがじん》（頭が人で体が白蛇の蛇神）が習合したりして、今日の姿となったので、その性質も単純な「善」一辺倒ではない。

サラスヴァティーは古代インドに存在したと伝えられる同名の河の化身だという。

ここまで聞いたところで、河川がヤマタノオロチの正体だとする説を想起してしまった者は、きっと私だけではないだろう。『古事記《こじき》』には八つの頭を持つヤマタノオロチの背には樹木が生え腹は赤い血を流していたと描写されていて、ここから氾濫する河川、あるいは砂鉄を含む土地が連想されるとする「ヤマタノオロチ＝河川」とする学説はよく知られる。

弁才天がヤマタノオロチ並みに怖ろしいモンスターだとまでは言わないが、弁天さまと蛇の怖い話というものは実際に存在する。

東京都狛江《こまえ》市の雲松山《うんしょうざん》・泉龍寺《せんりゅうじ》には古くから泉があり、寺名の由来ともなった。寺ではその泉の傍に弁天山を築いて弁天像を納め、これを《弁財天池》と称して大事にしていたが、江戸時代の初め頃の夏の法会の折に、不心得な坊さんたちが汗で汚れた体をここで洗って散々に水を穢《けが》した。

すると池の水がたちまち熱湯に変わり、坊さんめらを茹で殺さんとした。さらに弁天山から大きな白蛇が現れて、池から慌てて飛び出す連中を睨みつけながらとぐろを巻いた。

この白蛇を、案石という僧が杖で打擲《ちょうちゃく》しようとしたところ、案石は鼻血を吹いて倒れ、白蛇は悠然と池の底に泳ぎ去った。

案石は絶命し、以後、泉龍寺の《弁財天池》を穢す者はなくなった。

第一九話　ヤドカリ

かねてより興味があった狼信仰に関連する講演や展示会などが縁で、写真家の青柳健二《あおやぎけんじ》さんと面識を得た。青柳さんには『オオカミは大神』という全国の狼像に関するフォトルポルタージュや、国内外の棚田《たなだ》を撮影して解説を付けた『棚田を歩けば』といった著作がある。つまり旅をするタイプの写真家さんなのだ。その彼から二つの体験談が寄せられた。

二〇〇八年のこと、車中泊をしながら妻と一匹の愛犬を連れて日本一周の旅に出ようと思い立って、健二さんは箱型のバンを購入した。銀色のボンゴフレンディで、妻を連れて川越の中古車展示場を訪ねたとき、その車と「目が合った」と思ったのだ。

買った時点の走行距離は八万キロ。まだまだ走れる。

健二さんは予定を決行し、二〇〇九年の四月に北の大地を出発して日本列島を南下すると、沖縄で折り返して約一年後の二〇一〇年四月に渋谷のハチ公前で終了した。

銀色のボンゴフレンディは健気《けなげ》に旅に堪えて、その後も七年余りの使用に応えた。

しかし、二〇一六年に走行距離が一六万キロに及んだ頃から、彼が運転しているときに、たまにエンストするようになった。買い換えどきかもしれない。健二さんはボンゴフレンディのデザインと使い勝手が気に入っていた。ところがメーカーのマツダでは二〇〇六年で生産を中止している。そこで再びインターネットの中古車市場で探したら、乗っているのとそっくり同じ、銀色のボディのものが見つかった。

走行距離も同じ八万キロで、今までのボンゴフレンデイの生まれ変わりのようだ。

運命を感じ、これを買うつもりになった。

途端に、健二さんが独りで乗っているときに限って、古いボンゴフレンディがエンストする頻度が上がった。妻が運転すると快調に走るのだ。自分が乗っているときだけエンジンが不調になるというのは奇妙なことだが、取り敢えず、買い換えれば解決すると思った。

件の「生まれ変わり」は、自宅から車で二時間かかる野田市の中古車販売店にあった。

購入を決めて、古い車で野田市に向かう途中、交通量の多い国道でエンストした。普通なら追突されて大事故になるところだが、今まで何度もエンストしていたことが幸いした。すぐにハザードを出して……というような訓練が出来ていたのだ。停止した場所の真横に空き地があったことも含め、健二さんには、これはただの偶然とは思えなかった。

レッカー車で中古車販売店に行き、今は二代目ボンゴフレンディに乗っている。

健二さんは自著の中で車中泊するご自分を「ヤドカリ」と呼んでいた。

車の魂にとっては車体がヤドカリの殻だ。彼の愛車は、無事に殻を替えたのだ。

第二〇話　田毎の月

《姨捨《おばすて》の棚田は、標高460mから550mの範囲の斜面に広がっていて、耕作面積は約40ha、1500枚を誇る。（中略）1999年、国の名勝・日本の棚田百選に指定され、2010年には国の重要文化的景観にも指定されている》

《実際に私は、夜中、「四十八枚田」以外にも棚田を歩き回り、「田毎《たごと》の月」を「体験した」ことがある。ひとり、足元の水に映る煌々《こうこう》と輝く月を眺めていると、美しさを通り越して、怖さも感じてくる。その月が私の後を黙って追ってくるのだ。》

——青柳健二『棚田を歩く』「姨捨の棚田」より抜粋

長野県千曲《ちくま》市八幡《やわた》の姨捨の棚田は、「蓑《みの》、菅笠《すげがさ》の下に隠れる」と言われるほど小さな田が斜面に連なり、独特の美観を生み出している。東日本の棚田に多い《土坡《どは》》という土を盛って作る畦《あぜ》の有機的な形状が、目に柔らかな優しい風景を形成しているのだ。

この姥捨という土地は、地名から連想する陰惨なイメージとは裏腹に風光明媚《めいび》なことで平安時代から有名で、特に観月の名所として知られ、数々の歌に詠まれてきたという。

そんな中で《田毎の月》という一種の伝説が現れた。

松尾芭蕉《まつおばしょう》も詠んだという田毎の月は、文字通り「田ごとに月が映る」もので、棚田に水が張る五月初旬前後の約二週間しか見られない――と言われているが、何百何千とある全ての田に月が同時に映るわけがない。

健二さんは、この田毎の月を撮るために姨捨の棚田を訪れた。満月の夜、月影を映す棚田を眺めながら歩いてみると、水に映った月が土坡を乗り越えて、次の田へ、また次の田へと彼を尾けてきた。田毎の月とは、実際には、こういうことだったのだ。

水面の月が追ってくるのだ。駆けだせば月も走り、立ち止まれば月も止まった。

水鏡で真っ白に煌《きら》めく満月を一心に見つめるうちに、世界が逆さまになって、棚田の月に見透かされているように思われてきた。

逃げようとしても、この月は何でもお見通しで、逃れられない……！

危険な領域に踏み込んでしまったものだ、と、慄然としたとき、突然の雲が月を覆い、辺りが漆黒の闇に閉ざされた。そして闇を切り裂いて、どこからともなく大きな羽ばたきが彼をめがけて一直線に襲ってきた。アッと叫んで屈み込み、震えていたら雲が切れて、再び月明かりが辺りを照らした。

巨大な怪鳥に脅されたようだったけれど、その正体は今もわからない。

第二一話　点火と消火

四つで死んだ妹は、とにかく可愛らしい女の子だった——想い出す度に今でも溜息が出るほど、と、静江《しずえ》さんは言う。

静江さんが小学五年生の春まだ寒い頃、肺炎をこじらせて妹は儚《はかな》く命を落とした。

それからというもの、毎日欠かさず静江さんは仏壇に蝋燭《ろうそく》を灯すようになった。初七日が過ぎ、四十九日の法事も済んで、初盆を迎えても。

入り盆の日にも、盆棚の蝋燭に火をつけたのは静江さんだった。

ついたと思ったらすぐに焔《ほのお》が消えた。

その直後、表から短い悲鳴が聞こえてきて、玄関の方で大人たちが騒ぎはじめた。

走って外に飛び出すと、玄関の左右に置いた一対の白提灯《ちょうちん》が勢いよく燃え盛っていた。

それ以降、妹のために蝋燭を灯すのを止めた。白提灯の火が消えると同時に、妹の魂は此の世から飛び去ってしまったと感じたから。だったらもう、蝋燭をつけても無駄なのだ。

子どもの考えることは単純ですよね、と、今は七〇歳になる静江さんは笑っていた。

第二二話　赤いライン

静江さんは、吸血鬼のような男と交際していたことがあるそうだ。なんでも、付き合いだしたときから、喉の辺りに赤いラインが浮かびあがってきたのだという。ミシン糸のように細い内出血の線が首の前面に横一文字に現れて、揉んでも冷やしても消えなかった。

男は、静江さんが働くホテルの常連客だった。年に二、三度来ては、その度に高い部屋に長逗留していく上客だ。仕事帰りに、ホテルの最寄駅で呼びとめられて、すぐに関係を持つようになった。静江さんは二〇歳、男は三五歳だと言っていたが非常に若く見えた。

半年足らずで二人は別れた。彼が自分のことを話そうとせず、聞き出そうとしてもはぐらかされるので、静江さんが怒ったところ、もう付き合えないと告げられたのだ。

男と別れると、赤いラインは徐々に薄くなって消えた。それと同時に、夢から覚めたようになって、あの男は得体の知れない不気味な奴だったと思いはじめた。

やがて、同僚の首に赤い線を見つけた。男は相変わらず静江さんのホテルに度々泊まっていた。あいつと恋愛関係に陥ったのかと同僚に問い質《ただ》したら、やはりそうだった。

一年後、同僚は首を吊って自殺した。それきり男は姿を見せなくなった。

第二三話　生首

一九九九年から翌年にかけて美容師の腕を競わせるテレビの深夜番組があり、それがきっかけで《カリスマ美容師》なる流行語が生まれた。当時、技術が高く髪型の流行を牽引するカリスマ美容師の店はどこも繁盛したものだ。

遼一《りょういち》さんはカリスマ美容師がいる神戸の美容室で一五年前まで働いていた。若かった彼は、一流のヘアスタイリストになる夢を追いかけ、昼は「カリスマ」のアシスタント業務、夜はヘアカットの練習と、寝る間も惜しんで精進していた。彼の店には「カリスマ」が考案した独自の昇級テストがあって合格すると給料が上がったから、いっそう励んだ。美容師に盆暮れは関係ない。世間の休日は書き入れどきで、日に一〇〇人も来店した。

盆の入りだったその日も賑わっていた。三台あるシャンプー台が常に塞がるような状態だったが、ある女性客が特定のシャンプー台を嫌がったので、少々迷惑だったこともあって印象に残った。短い休憩時間に同僚にそのことを話したところ、同僚も同じ客に同じシャンプー台を拒まれたことがあり、そのとき「なぜですか？」と、その客に訊ねたら、

「あそこでシャンプーされると耳もとで声がしたり足を触られたりするんよ。ここは震災のときにおっきな被害があったとこやさかい……」

と、こんな答えが返ってきたと聞かされた。

やがてその日も夜になった。閉店は夜の九時で、それから後がアシスタントたちの練習タイムだ。遼一さんは最後の独りになるまで粘った。昇級テストが明日に控えていたのだ。練習台は通称「ウィッグ」という毛の生えたマネキンの頭。ウィッグの毛をカットしては鏡で確認するうちに、問題のシャンプー台が気になってきた。

その辺りが鏡に映って自然に目に入るせいだ。そこだけ変に暗いように感じる。気を紛らわすために大きな音でＢＧＭを流してみたが、ついチラチラと見てしまう。

やがて、カットが仕上がってきたウィッグを鏡越しに点検していたら、件のシャンプー台の上で何かが動いた。見れば、シャンプー台の椅子に生首が乗っている。

――なんや、ウィッグか。脅かさんといてや。

と、胸を撫でおろしたのも束の間。

落ち着いて見直してみたら、店のウィッグはどれも女性を模しているのに、それは薄毛の男の頭だった。左右の目がバラバラな方向を向きながらヌラヌラと粘っこく光っており、薄い唇を歪め、息づくように微かに上下に揺れていた。そいつと、鏡越しに目が合った。

遼一さんは何もかも放り出して逃げ帰り、翌日、ＢＧＭと照明を点けっぱなしで鍵も掛けずに帰宅したことで「カリスマ」にこっぴどく叱られた。

第二四話　美容院のウィッグ

勤務先の美容院に居残ったところ、怪奇現象に遭ってしまった遼一さん。彼の言うことを、先輩のタナベさん以外、誰も信じてくれなかった。

タナベさんによると、休憩室に置いてあるウィッグがひとりでに動くのだという。

スタッフの休憩室にはウィッグの棚があり、さまざまな髪の長さのウィッグが幾つも並べられている。ウィッグといえども人の顔がついているから、こっちに向けて置かれると気味が悪いという理由で、この店では必ず後ろに向けて並べるという決まりがあった。

「それが、いつの間にかこっちを向いてることがあるんや。必ず一つだけ。どのウィッグかは決まってへんが、気がつくと一個だけこっち向きになってるんや」

遼一さんは二度と独りで店に残らなかったし、ウィッグが怖くなり、しばらくして結局、美容師を辞めてしまった。

遼一さんが退職した後、この美容院は別の場所に移転した。

第二五話　霊感社員

サラリーマンになった遼一さんが勤務する会社に、中途採用で入ってきた女性がいる。

彼女は、入社面接の際に転職の理由を訊ねられると、こう述べたという。

「前の会社にいたときオバケを見たんです。社員寮の裏に墓地があって、部屋の鏡に体が半分透きとおった女が映るようになったので辞めました」

珍回答だが、遼一さんの会社の社長が物好きで、これがウケて採用になった。

しかし入社して間もなく、彼女は「この会社には霊道があります」と言いだした。

そして彼女は、伝手《つて》を頼って霊能者に協力を願い、社長に結果報告をした。

「建物の二階に霊道がありましたが、遠隔操作で閉じてもらいました」

実は誰も彼女に話していなかったが、遼一さんを含め数人の社員が、社屋の二階で白い影を見かけたり、怪しい気配を感じたりしたことがあった。

その後、そうしたことは一切起きなくなった。

第二六話　奥津城

青山霊園には鳥居や草薙神剣《くさなぎのみつるぎ》を象《かたど》った兜巾《ときん》型の竿石が少なくない。

近所に住んで一二年ばかり経つが、最近、健康のために青山霊園を毎朝歩くようになって興味が湧き、理由を調べてみた。すると、元々明治初期の神仏分離政策の頃に神道《しんとう》専用の神葬墓地として拓かれた霊園だったことを知った。

一八七二年七月に現在の青山霊園・立山地区が立山墓地として先に造られ、同年一一月に立山墓地に隣接する青山家の下屋敷跡に青山墓地が新設された。いずれも当初は神葬墓地だったが、それから二年後の一八七四年に宗旨・宗派を問わない公共墓地に改められた。

こういう経緯のために、鳥居や兜巾が多いのだな、と、私は納得したわけである。

青山霊園の神葬墓には神社と見紛《みまご》うような規模の大きな墓所もある。その最たるは黒田《くろだ》長溥《ながひろ》の墓所だと思う。うちの3LDKのマンションより広そうな面積を占め、入り口を高さ四メートルもあろうかという石造の鳥居と大小六基の狛犬に護られて、墓碑は高々と剣の如く天を突くという、豪壮な奥津城《おくつき》だ。

鳥居も狛犬も苔生《こけむ》して、墓所内の樹々が高く育って影が濃いので、朝や昼でも静謐《せいひつ》な雰囲気に満ちている。まるで神社のような荘厳とした佇まいで、人さまのお墓という気がせず、つい、足を踏み入れた。

黒田長溥は筑前福岡《ちくぜんふくおか》藩の幕末大名で数々の偉業を遂げ、岩倉使節団の一員・黒田長知《ながとも》の父としても知られる有名人だから、墓を訪ねる人もたまには居よう。バチはあたるまいと思ったが、後ろめたさは多少あった。

なにしろ、一応、墓参ということになるのに何も持っていなかった。神道では故人は神になり、榊《さかき》、蝋燭、お神酒《みき》を墓前にお供えするきまりなのだが……。せめてもの償いに神式の作法に則った合掌礼拝だけでも、と思い、墓碑に向かって二礼二拍手一礼した。

これが今年（二〇二〇年）五月中旬のことだった。

それからも雨が降らない限り、しばらくの間、ほぼ毎日、黒田長溥の墓所の前を通った。

ここがたいへん気に入ってしまったのである。魅せられたと言ってもいい。

一週間ほど通って、どうしても我慢できなくなり、私は再びこの墓所に入った。

そして、鳥居と狛犬を裏から――つまり墓碑にお尻を向けて――スマホで撮影した。

鳥居を潜って外に出ると、鴉《からす》が襲いかかってきて、被っていた帽子を擦ったかと思うと、鳥居に舞い降りて割れるような大音声で「カア！」と鳴いた。

それからは、神罰が恐ろしいので、鳥居の外から眺めるだけにしている。

第二七話　幽世

神式の墓碑には、「○○家奥津城（奥都城）」もしくは「○○家先祖代々霊位」と刻まれたものが多いようだ。奥は「奥深さ」と「置く」の両方の意に通じ、城は「四辺を囲んだ一郭」と「柩」のどちらをも表すそうなので、奥津城とは、奥深い場所で外部から遮られた境域という意味になるだろうか。

奥「津」城と奥「都」城の違いについては諸説あるようだが、私は、川などの水場が近ければ「津」を用いるという説が気に入っている。

理由は、私の好きな青山霊園が暗渠《あんきょ》に挟まれた台地にあるからだ。かつてはこの高台の裾野は流れる水に絶えず洗われていた。笄川《こうがいがわ》という川が谷底を流れていたのだ。

興味深いことに、千駄ヶ谷《せんだがや》の仙寿院《せんじゅいん》の墓地も丘の上にあって、昔は麓に川があった。仙寿院の下にある千駄ヶ谷トンネルと青山霊園は、共に有名な心霊スポットだ。そのどちらもが水と関わりがあるというのはおもしろい。

神道の世界観では、世界は、生身の人間が住まう現世と神々の領域・幽世《かくりよ》に分けられている。そして人の御霊は幽世から来て、肉体が滅べば再び帰還するため、死ぬことを「帰幽《きゆう》する」と呼ぶのだという。

すると単なる偶然かもしれないが、青山霊園などでは「川を渡って幽世に帰る」という解釈が成り立って、なんだか仏典由来の三途の川に似てしまう。

無論のこと青山霊園は現世にあるのだから、こんなのは想像遊びに過ぎないけれど、ここでは幽世が少し滲みだしてきているのではないかと思いたくなるような話を聞いた。

生まれたときから西麻布にお住まいの初恵《はつえ》さんは、青山霊園はいつも混雑していると思っていた。春夏秋冬、どんな天気でも、傍を通りかかるたびに群衆と色とりどりの供花《きょうか》が見えたので、中学一年生のときに父方の祖母が亡くなるまでは、この認識を疑わなかった。

祖母が物心ついてから死んだ初めての親族で、このとき青山霊園に父の家の墓があることも知った。初恵さんの両親は現代の都会人に特有の極めてドライな感性の持ち主で、一家には墓参の習慣が無かったのである。

しかし祖母が死んだとあれば話は別だ。父方の親族が集まってお弔いをした。そして青山霊園を訪ねると、雪が降りそうな二月の寒い日だったのに、やはり人と花が溢れていた。

そこで母にコソコソとそう告げたら、母は急に青くなって、「それは、あなたにしか見えない景色だよ」と言った。

実際には霊園はとても空いていて、供花もほとんど見当たらなかったのだ。

第二八話　居るべき所

岡山県岡山市の吉井川《よしいがわ》の近くで生まれ育った俊夫《としお》さんの趣味は釣りだ。釣り仲間のトヨタさんは五〇を過ぎても独身で、近所に住んでいるので、よく家に遊びに行った。妻と年頃の娘がいる俊夫さんの家にトヨタさんは来たがらないし、俊夫さんも気を遣う。集まるにはトヨタさんの家の方が都合が良かった。

その日もトヨタさんと俊夫さんは、トヨタさんの家で釣り談義に花を咲かせていた。今どこで何が釣れているか、今度はどこに釣りに行くか。釣りマニア同士、そういう話は一向に飽きない。楽しくおしゃべりしていたら、白い煙で出来た西瓜《すいか》ほどの大きさの球が、人の背丈ぐらいの高さに浮かびながら、開けてあったドアから入ってきた。目で追っていると、隣の部屋の方へ、ふわりふわりと、少し上下しながらゆっくり移動していく。やがて、襖《ふすま》の隙間に吸い込まれて消えた。

「ありゃ何でぇ？」

球が行った方を指差して、トヨタさんに訊ねた。トヨタさんは平然と答えた。

「えっ、見えたん？　……うん、今なあ、ばあさんじゃ。たまに死んだ猫も来るがね」

身内だから見守ってくれているだけで、ときどき出てもらった方が安心感があるとトヨタさんは語った。

「供養もきちんとしとるけぇ」と彼が胸を張るので、そんなものかと俊夫さんも思った。

それからしばらくして、トヨタさんは癌で亡くなった。

大切な友人を喪って俊夫さんは悲しくてたまらなかったが、安らかにあちらの世界で眠っているものと思っていた。ところが初盆の夜になったら、屋根で誰かが歩きまわるようなミシミシという音がしはじめた。それが元気だった頃のトヨタさんがそうだったように体重の重い男の足音だったので、トヨタさん、起きてきちゃったのかと驚いた。

――いや、お盆じゃけぇ来ただけじゃ。お盆が終わったら彼の世へ帰るじゃろう。

すぐにそう考え直したけれど、お盆が済んでも足音は毎晩続いた。いったん始まると何時間も歩きまわる。妻子が怖がっているし、そろそろ屋根が壊れそう……。

困り果てて、顔見知りの寺の住職に相談すると、

「家に帰ったらお茶を淹れて、それを熱いうちに家の玄関の外に撒きながら、居るべき所に帰りんせと伝えられぇ」と教えられた。

住職に言われたとおりにしたところ、屋根の足音がピタリと止んだ。

第二九話　峠清水トンネル

岡山県に住む大学生の陸《りく》さんは《片鉄《かたてつ》ロマン街道》にある《峠清水《とうげしみず》トンネル》を訪ねた。

陸さんはオカルト好きが高じて、ときどき仲間を募っては心霊スポットを探検しに行く。

近頃では、岡山県内の名だたる「スポット」は制覇してしまい、同好の士の口コミを頼りにオバケが現れそうな場所へ足を運んでいる。

峠清水トンネルも、いつもの仲間から教えられただけで、インターネットを検索しても心霊系の噂が全然出てこない所だ。教えてくれた仲間にしても、訪ねたときに「ゾッとした」という程度で、ハッキリ何かを目撃したというわけではなかった。

それを言ったら、陸さんだって幽霊を見たことなんか一度もない。幸いにも家同士が近い伯父の俊夫が理解があって、釣りに付き合いさえすれば、ゾッとした程度の話でも喜んで聞いてくれる。峠清水トンネルでオバケに遭遇したら伯父さんに話すつもりだった。

さて、春の日和を選んで、早朝、陸さんは峠清水トンネルへ向かった。

ここには昔、ローカル線の線路があったが、廃線となって線路は撤去され、今はサイクリングコース兼遊歩道《片鉄ロマン街道》の一部になっている。陸さんは自転車を持っていないので、コースの出発点として推奨されている《備前《びぜん》市サイクリングターミナル》に車を停めて、徒歩で一本道を進んでいった。

一〇分ほど歩くと、前方にトンネルの入り口が見えてきた。元はレンガ造りだったらしく、トンネルの入り口に古い赤レンガがアーチ状に残されていた。それ以外はすっかり改修されて滑らかなコンクリートで固められている。トンネルの上や両脇は樹々が鬱蒼としているが、トンネル内部は朝から蛍光灯で明々と照らされており、怖い雰囲気は皆無だ。

真夜中に来ればよかった……と反省しながら、トンネル内に歩を進めると、出口の方から年輩の夫婦が歩いてきた。男性は上品な灰色のブレザーを、女性も似たような色の上着を羽織っていて身なりが良い。どちらも柔和な表情で、仲睦まじい雰囲気が伝わってきた。

陸さんは礼儀正しい性質だから、先んじて爽やかに挨拶した。

「おはようございます」

夫婦は微笑んで「おはようございます」と彼に返した。互いに会釈をして擦れ違い、陸さんは気分よく出口まで歩き、そこで踵《きびす》を返したのだが、さっきの夫婦の姿が見えない。

ずいぶん足が速い、と、思いながらトンネルを引き返して来た道を戻っていくと、さっきとは別の男女が歩いてきた。そこで、年輩の夫婦が歩いてこなかったか訊ねたところ、誰とも擦れ違わなかったし、そもそもあなた以外の誰も見ていないと男女は答えた。

脇道の無い一本道なのに……。陸さんは「初めて幽霊を見た」と伯父さんに報告した。

閑話休題　貞子と志麻子の郷

第二九話の《峠清水トンネル》は、かつて岡山県備前市の旧片上《かたかみ》駅から久米《くめ》郡柵原《さくはら》町（現美咲《みさき》町）の柵原駅まで通じていた同和鉱業の《片上鉄道》の旧線路上にある。同鉄道は一九九一年で廃線となり、二〇〇三年、全長三四キロメートルのサイクリングコース《片鉄ロマン街道》に生まれ変わった。コースのほとんどが自転車・歩行者専用道路なので安全にサイクリングや散策を愉しむことが出来るとのこと。

さて《峠清水トンネル》なのだが、住所を調べると、岡山県備前市から同和気《わけ》郡和気町にまたがっていて、前項の陸さんが怪しい夫婦と遭遇した出口周辺は和気町の町域に入る。

岡山県の和気町と聞いて私が想起するのは、ホラー作家で友人でもある岩井志麻子《いわいしまこ》先生と、映画『リング』の貞子《さだこ》のモデル・千里眼《せんりがん》の高橋貞子だ。

どちらも和気町出身という、ただそれだけの話なので、閑話休題とさせていただく。

第三〇話　岩井志麻子先生の心霊写真

説明を省くが作家の岩井志麻子先生と私は面識があり、たまに個人的に連絡を取り合う仲で、手持ちの心霊写真を見せあったことが何度かある。二〇一八年の六月一〇日深夜にも岩井さんが「こんな真夜中にごめんね」と言って、友だちが上海《シャンハイ》のホテルのトレーニングジムで撮ったという二枚組の写真を送ってきた。

どんな写真かというと、岩井さんの友人がランニングマシンに乗っているのだが、後方にある大型ディスプレイの画面に、ロープで首を吊っている人物が映り込んでいるのだ。体格の良いスキンヘッドの男性で、着ているTシャツの色や頭の上に伸びたロープまではっきり見てとれる。

これだけでも物凄いが、一枚目の写真では後頭部を向けているのが、二枚目になると横顔を見せていて……つまり、ロープにぶら下がって回転している。

これは後に、岩井さんの担当編集者経由で拝み屋さんに鑑定してもらうことになり、その結果、本物だが偶然写っただけなので供養する必要はないという報告を受けたとか。

岩井さん曰く、「怪奇現象にも、たまたまってあるのね」とのこと。

今まで見たうちで五指に入る嫌な心霊写真で、由縁がわからないのも、また怖い。

第三一話　耳鳴り

現在五六歳の宏志《ひろし》さんは、高校では山岳部と吹奏楽部に所属した。子どもの頃から父と一緒によく山に登っていたので、高校生にしては本格的な登山に慣れていた。

高校二年の夏合宿では槍ヶ岳《やりがたけ》に行った。槍ヶ岳は日本のマッターホルンと呼ばれ、標高は三一八〇メートル、盛夏の時季でも一部に残雪が見られる。

往路では変わったことは何も起こらなかった。無事に登頂して、頂上直下の槍ヶ岳山荘に一泊した。槍ヶ岳山荘は一九二六年に開設された古い山小屋で、改装と拡充を繰り返してきたお陰で、槍ヶ岳では最も収容人数が多くて設備が整っており、山の初心者向きである。宿泊客には学生風の若者や家族連れ、女性の姿もあった。

朝のうちに山小屋を出発して、山道を下りはじめると、いくらも歩かないうちに酷い耳鳴りに襲われた。

キーンという甲高い機械音のような音が頭の中に大音量で鳴り響きだして、水を飲もうが耳抜きをしようが、一向に治まらない。

今まで何十回も登山をしてきたが、こんなのは初めてだ。高山では急激な気圧の変化が原因で、鼓膜の内側と外側で空気圧の差が生じて耳が痛くなったり、「ゴー」という低い耳鳴りが起きたりすることがある。しかし、唾《つば》や水を飲み込むかあくびをすれば大概は治り、それでも駄目なら鼻を摘まんで耳抜きをすれば解消するものなのだ。

それに山での耳鳴りは、普通はこんな高い音では鳴らない。

顧問の先生が宏志さんの異変に気づいて、その場で少し休憩することになった。

宏志さんは荷物を降ろして、傍の岩に腰かけた。山小屋を出発して何分も経っていなかったから、そこからまだベンガラ色をした小屋の屋根が見えた。

——情けないなぁ。

そう思った途端に一層、耳鳴りが激しくなった。思わず両手で耳を押さえて体を丸めた。

すると、足もとの残雪を透かして、何か赤っぽいものがあることに気づいた。

溶けかけた残雪は柔らかく、手で掘ることが出来た。引きずり出してみたら、それは赤い女物の手袋だった。その下にも何か赤い物が見えたので、彼は大声で先生を呼んだ。

「ここに何か埋まってます！」

その途端、たちどころに耳鳴りが止んだ。

間もなく、赤いザックが掘り出された。顧問の先生が背負って山小屋に届けたところ、後に持ち主が判明したといって山岳部に報告が届いた。それはこの春、山小屋付近で消息を絶った若い女性のものだった。手袋とザックの近くで遺体が発見されたとのことだ。

第三二話　偶然

今から約四〇年近く前の夏、当時高校二年生だった宏志さんは四つ年下の弟を連れて、神奈川県の相模湖《さがみ》を訪れた。目的は魚釣り。その頃、週刊少年マガジンに連載されていた矢口高雄《やぐちたかお》の釣り漫画『釣りキチ三平』が大ヒットしていて、この四月からはテレビアニメ版の放送も始まった。兄弟二人して、にわかに釣りに励むようになったわけである。

しかし上首尾に事が運ばず、弟がウンコのような臭くてドロドロした正体不明の塊《かたまり》を釣りあげて、そいつから盛大に飛び散った茶色いヘドロのようなベタベタを、二人とも頭から被ってしまった。

兄弟はすっかり戦意を喪失して、湖の傍の公衆トイレで着ていたシャツと頭を洗い、早々と電車に乗って家に帰った。

その夜、宏志さんは金縛りになって目が覚めた。

隣に寝ている弟の方からスースーと健やかな寝息が聞こえてくるが、そちらに顔を向けることすら出来ない。仰向けになったまま、真っ暗な天井を見上げているしかなかった。

やがて真上に滲《にじ》むような青白い光がぼんやりと浮かんだ。それは膨らみながら形を帯びてきて、みるみるうちに一抱えもあろうかという巨大な顔に変化した。

黒縁の眼鏡を掛けた若い男の顔だが、とにかく大きい。縦一メートル、幅七〇センチぐらいあるのではないか……。サイズを別にすれば、細面で長い前髪を横分けにして、大学生か教師か研究者といった雰囲気の、少し神経質そうだが知的な面立ちである。

あまりにもリアルなので夢だと思ったが、そいつが風車のように回転しだしたので怖くなってきて、「ワァ！」と声を出したら、スーッと光を失って消えてしまった。同時に金縛りも解けたけれど、「大声出して、どうしたの？」と弟が目を覚ましたので、夢ではなかったのかもしれないと考え直して、あらためて鳥肌が立った。

翌日、弟と釣りをしていた場所で腐乱死体が発見されてニュースになった。父が新聞で読んで「おまえたちが釣りに行ったところで死体があがったそうだぞ」と教えてくれた。

それから月日が過ぎて、三二歳のとき、ちょっとした理由からクリスチャンになろうかと思い、背中を押してもらうつもりで行きつけのバーのマスターに相談したところ、「昔の話だが、キリスト教では自殺はタブーなのに、熱心なクリスチャンだった僕の友人は相模湖で入水自殺した。宗教は頼りにならないよ」と諭された。

胸騒ぎを覚えて詳しく訊ねたら、その知人は三〇歳で黒縁眼鏡を掛け、長めの前髪を横分けにして、職業は教師――死んだ時期も一致していた。

第三三話　三千人塚前の家

――東京都府中《ふちゅう》市の《三千人塚《さんぜんにんづか》》は、一三三三年の分倍河原《ぶばいがわら》の合戦による戦死者を埋葬した塚だとかつては信じられていたが、一九五五年の発掘調査で複数の蔵骨器が出土し、鎌倉時代後期の墓地であることが判明した。さらに二〇〇五年の調査では、石に経文を刻んだ「礫石経《れきせききょう》」が大量に出土し、年代測定の結果、現在ある塚そのものは江戸時代に造られたことがわかった。従って今日では、この三千人塚は鎌倉時代後期から江戸時代までの長きに亘る信仰の対象だったと推測されている――

宏志さんは父方の祖父が建てた家で生まれ育った。家は三千人塚の真ん前に建っており、そのせいか、一家は度々、怪異に見舞われた。怪異の原因が本当に三千人塚だったのかは確かめようがないが、少なくとも祖父母と両親は三千人塚の祟る力を信じていた。

たとえば、こんなことがあった。宏志さんが赤ん坊の頃、親子三人で川の字になって昼寝をしていたら、三千人塚の方を向いた窓から誰かが覗いていた。それに気がついた父は飛び起きて表に飛んでいき、母も驚いて窓に駆け寄ったけれど、覗き見していた何者かは煙のように姿を消してしまって、窓越しに夫婦で呆然と見つめ合うしかなかった――。

あるいは、子ども部屋で寝ていた弟が壁の中から出てきた手に腕を掴まれた——。

また、ときどき家中に弱い風が渦を巻くと同時に、景色に霞《かす》みがかかったようになることがあった。宏志さんの家族は、この現象を「空気が揺れる」と言い表していた。窓を閉め切っていても空気が揺らぐのは奇妙なことだが、家族は皆、慣れっこになっていた。

宏志さんはまた、一家と親しかった叔母や母によると、大人の目には見えない友だちと赤ん坊の頃からよく遊んでいたらしい。家では、それも三千人塚の影響だとされていた。見えない友だちは「エンドウくん」だと宏志さんは考えている。

小学校の低学年の頃に彼はエンドウくんという同級生と仲良しで、しょっちゅう一緒に遊んでいた。しかし、エンドウくんを憶えているのは自分だけで、他の同級生は皆、そんな子は知らないと言うし、卒業アルバムにも載っていないのだ。エンドウくんは、たぶん小学校に入る前から傍にいたのだろう。エンドウくんが鎌倉時代の墓地だった三千人塚から現れた幽霊だったかどうかはわからないが……。

家は祖父が鬼籍に入ると少しずつ土地が切り売りされ、最後に残った建物も一五年前に手放して、奇怪な日常もろとも三千人塚も遠い想い出になったとのこと。

——私が取材で訪ねたときには、その家があった場所は駐車場になっていた。

第三四話　ミヤザキさんの姉

第二次大戦後、日本各地に連合国軍が進駐してきた。その数は二十数万人と言われ、福岡県にも五千人余りの進駐軍が入った。一九五二年に発効したサンフランシスコ講和条約によって日本が主権を取り戻すと、進駐軍は撤収した。

克彦《かつひこ》さんが生まれ育ったのは、祖母が進駐軍の大尉から買い取ったという豪壮な屋敷だった。祖母は福岡県北部を拠点とする実業家の一族に生まれ、祖母自身も運送業を中心としたグループ企業の経営者であった。祖父は戦死しており、戸主である祖母の威風は一時は大したもので、実際にとても裕福でもあったから、慕う者も多かった。

ミヤザキさんもその一人だ。戦前であれば書生や食客《しょっかく》と呼ばれたような、成績優秀な学生で、祖母を崇拝しており、それがために祖母の知人の紹介を得て家に来た。祖母は学費を援助して食事付きで家に居候させる代わりに、彼に身の回りの世話をさせていた。

一家は大所帯で、克彦さんの家族の他に叔父夫婦と女中が五、六人も住んでいたので、一人増えたからといってどうということもなかった。

ミヤザキさんが家に来て三年ほど経った一九六六年の小晦日（一二月三〇日）の昼、彼は広島の実家で正月を迎えるため、家族全員に挨拶をして出掛けていった。

克彦さんは当時四つ。別れが辛くて泣きだすと、ミヤザキさんは「二週間でこっちに帰ってくるんじゃけぇ、泣かんでええのに」と柔らかな広島弁で慰めてくれた。

しかし予定より早い一月六日の夕方、ミヤザキさんは前触れもなく家に現れた。

廊下を歩いているところを祖母が見かけて、驚いて声を掛けた。だが、振り向きもせずに黙って祖母の書斎の方へ立ち去ろうとする。慌てて祖母は追い駆けたが、書斎に行ってみると、もう姿を消していた。家人で手分けして他の部屋を探しても見つからず、何か普通ではないことが起きたようだと皆が思いはじめたそのとき、電話のベルが鳴った。

そこで克彦さんの父が受話器を取ったのだが、

「私はミヤザキの姉ですが、たった今、弟が病院で息を引き取りました」

と、若い女が一方的に告げたかと思うと通話を切った。

これを父から聞いた祖母は急いでミヤザキさんの実家に電話を掛けた。

すると、本当にミヤザキさんが今しがた亡くなったことがわかった。交通事故による急な死で、まだ誰にも知らせていないのに、と、先方が驚いたので、彼の姉から連絡を貰ったのだと祖母が話したところ、「あれは一人っ子で、姉などはおりません」と言われた。

――克彦さんの祖母は、「大正元年に生まれてから唯一体験した不思議な出来事だ」として、度々この話を語っていたそうだ。

第三五話　ユニバーサルデザイン《すべてのもののための》

劇症型溶血《ようけつ》性レンサ球菌《きゅうきん》感染症は、ほとんど何の前触れもなく発症し、急速に体の組織が壊死していくという病気で、「人喰いバクテリア」の通称で知られる。病状の進行が非常に劇的で、発病後数十時間以内に肉体の壊死や多臓器不全などでショック状態に陥り、致死率は三割以上。助かるためには、出来るだけ早く広範囲に病巣を切除する必要がある。

克彦さんは八年ほど前にこの病気に罹《かか》り、両脚と右手の五本の指先を切断された。一年半の入院、さらに四年間の身体障碍者支援施設でのリハビリを経て、全館バリアフリーのマンションに入居して、独りで暮らしはじめた。

新築で、室内のみならず共用部分も隈なくユニバーサルデザイン。造りつけの調度品も洒落《しゃれ》ている。だから当初は高級ホテルに滞在しているかのように快適で楽しかった。それから今に至るまで二年半ほど、そのマンションで暮らしているのだが……。

「毎晩、何かが建物に侵入するんですよ」と克彦さんは仰る。

怪異は、入居から三日後の夜一〇時頃から始まった。

BGMをかけて机でクロスワードパズルを解いていると、玄関の方からガチャガチャガチャガチャと忙《せわ》しなくノブを回す音がする。誰か来たのかと思って車椅子で見に行きかけたら玄関に着く前に音が止んだので、何かが頭の隅に引っ掛かってモヤモヤしたが、放っておくことにした。

モヤモヤが晴れたのは翌朝、外出する際だった。この部屋のドアは戸板に付いたバーを押せば開く造りなのだった。ドアノブが無いのだからガチャガチャ鳴らしようがなかった。

「そして、その日の夜から、僕の部屋があるフロアの廊下を誰かが杖をついて行ったり来たりしはじめました。夜の一〇時か一一時に始まって、明け方まで往復しているんです。気になって見に行くと誰もいない……。これが一〇日ばかり続きました」

克彦さんの部屋は建物の三階にあって、同じフロアには彼の部屋を含め六戸が入居していたが、他の住民は皆、勤め人で夜更かししそうな者はなく、誰も杖など使っていない。

何か奇妙だと思っていたところ杖をついて歩く足音はしなくなったが、今度は、深夜になると階下に大勢が集まって宴会を開くようになった。酔った男女が大声で歓談するのでうるさくてしょうがない。

しかし考えてみれば、二階は居住者及び来訪者用の食堂と休憩所で、夜間は閉めていた。

「足首を掴まれて引き摺られかけて、目が覚めたこともあります。ベッドにしがみついて大声を上げたら解放されましたが、結局朝まで眠れませんでした。

……私の足、無いんですけど。でも、確かに引っ張られた感じがしたんですよ」

第三六話　病棟にて

急性期病棟には生命の危機に直面している重症患者が多い。人喰いバクテリアに両脚と右手の指を奪われた克彦さんは、入院三ヶ月目にＩＣＵから急性期病棟に移った。ベッドはナースステーション前の二人部屋にあって、そのとき病院の事務職員から聞いた話では、隣のベッドに高齢の重症者が寝ているとのことだった。

年寄りなら静かだろうから、ゆっくり休めそうだと思っていた。ところが、その患者が、のべつ幕なしに「キエー、キエー」と奇声を発するので参ってしまった。

顔を見たことはないが、妙に元気だ。眠れば眠ったで放屁と鼾《いびき》がやかましい。苛立ちを募らせていたところ、三日目の夕方、急にベッドを激しく軋ませだした。力いっぱい体を揺すっているのだろう。カーテンの向こうで、ギシギシと壊れそうな音を立てて騒いでいる。ついに克彦さんは怒った。

「ちょっと静かにしてくれませんか！」

途端に、ひたり……と一切の音が止んだ。

今度は異様なまでに静かだ。

奇妙に思った克彦さんは、ここへ来てから初めて自分のベッドのカーテンを開けた。

——隣のベッドは空だった。

唖然としていると、顔を見たことがない看護師が来て、「どうしました？」と問うた。

そこで、かくかくしかじかと説明したのだが、看護師は彼の話を半ばで遮って、

「隣の患者さんはあなたと入れ違いで……。もしかして、それってコレかもしれません」

と、両手をダラリとして見せた。幽霊だと言いたいのだろうが、重病人に向かって不謹慎なことだと内心憤慨していると、「この病院はそんな話が多いんですよ」と尚も続けて、

「たとえば、地下の送風機からお経を唱える声が聞こえるとか、廊下を全身真っ赤な人が歩くとか……数えあげたらキリがありません。ついさっきも、ある患者さんから『夜九時頃になるとなぁ、窓ガラスの向こうに俺の母ちゃんが来るんや。それでな、母ちゃんがこっちに来てジーッと俺の顔を見つめるんよ。それで一五分くらいで、また窓の向こうに行ってしまうんよ』と聞かされたところです。『その話を私以外の職員に話しましたか？』と訊いたら、『こんなの、誰にでも出来る話やない』と仰いました」

と、こういう話をして立ち去った。

それから数日して、入院当初から担当してくれている看護師にこのことを話すと、

「隣の患者さんについては、その通りなんですけど、その看護師は誰でしょう？　それに今、窓際の病床に入院している患者さんは女性ばかりなんですよ」と怪訝な顔をされた。

第三七話　うちん家には、おる

長期入院していた克彦さんは、担当看護師と親しくなった。気取らない性格で、同郷の女性だったから、彼女との会話が日々の楽しみの一つでもあった。

彼女の方でも克彦さんに気を許すようになったと見えて、「他ん人には話したことがなかばい」と前置きして、打ち明け話をしてくれた。

「うちは実家住まいで、家には祖父母も同居しとるっちゃけど、仕事から帰って玄関で靴ば脱いどぉと、ふと視線ば感じることがあるばい。見ると、和服ば着たおばあしゃんがチョコンと廊下に正座しとぉばい。祖母やなか。見知らんおばあしゃんばい。両親や祖父母に聞いたっちゃ、そげんおばあしゃんには心あたりがなかて言う。

また、曽祖父が建てた古か家やけん家鳴りが激しゅうて、あん音にお客しゃんが驚くけんって、滅多に家に人ば上げんのやが、家鳴りってドシーンバターンと鳴るもんなんやろか？　家族は慣れっこになっとって、着物んおばあしゃんが座っとったとうちが話したっちゃ誰も驚かん。ばってん……つまり、うちん家《ち》には幽霊がおるってことやなあ？」

第三八話　出しゃばり

克彦さんが障碍者支援施設に入所していたときのこと。

深夜、自室で彼が「そうだな」と独り言を呟いたら、後ろから声が聞こえた。

「そうね！」

快活な感じがする、若い女性の声だった。すぐに振り向いたが、誰も居なかったという。

似た話で、舞《まい》さんという女性を電話インタビューしたときに、話の途中で彼女に同意を求められて、私が「そうですね」と相槌を打ったら、すかさず若い男の声が割り込んで、

「違うだろ！」

と、否定されたことがあった。舞さんも私も、傍に誰もいない状況だった。

私が驚いていると、舞さんは「今のは死んだ兄の声です」と言った。

心霊スポットに案内してくれた人が「あれが問題の建物です。某社の事業所だと思うのですが」と言った途端、誰のものともわからない声に「はい」と肯定されたこともある。

幽霊にも、思わずちょっと出しゃばりたくなるときがあるのだろう。

第三九話　顔振峠

埼玉県飯能市《はんのう》と越生町《おごせまち》にまたがる顔振峠《かあぶり》は標高が五〇〇メートルあり、展望台から大宮の高層ビル群が見晴らせる観光名所だ。源義経《みなもとのよしつね》が奥州へ逃れる際に絶景に見惚れてここで何度も振り返ったことが名の由来だとする説もあるほど景観が良く、終戦後の復興に伴って全国的にハイキングが流行《はや》ると、すぐに注目を集めるようになった。

舞さんの兄がガールフレンドを連れて顔振峠に行ったのは一〇年近く前のことで、当時兄は大学二年生、ガールフレンドは兄の高校時代の同級生で、舞さんは高校三年生だった。

最初は舞さんも「来るか？」と誘われたのだが受験勉強があるからと言って断った。本当は、そのときはまだ四月の下旬で、そんなに焦っていなかったのだが、兄の彼女に遠慮したのだ。それに兄は妹想いが行き過ぎていて、舞さんの誕生日やクリスマスにはプレゼントを欠かさず、普段も何かというと話しかけてきて、少々鬱陶《うっとう》しかったのだ。

兄は顔振峠で彼女と二人並んだ写真を携帯電話のカメラで撮り、家にいる舞さんにメールで送信してきた。兄も彼女も大きな笑顔で、二人の後ろによく晴れた青空が映っていた。撮った角度が悪くて、これでは景色がわからない。舞さんは苦笑いして写真を閉じた。

二〇分ぐらいすると、また兄から写真が送られてきた。

今度は空しか写っていない。いったいどういうつもりだろう？

「何これ？」と舞さんは兄に返信した。すると、すぐに返信があったのだが、テキストは無く、一面真っ黒な黒ベタの画像が貼られていただけだった。

「さっきから何なの？」と舞さんは返信した。

兄は答えなかった。午後五時頃、暗い顔で帰ってくると夕食を断って部屋に閉じこもり、後からわかったことだが、すぐにドアノブにネクタイを掛けて首を吊った。

翌日「朝ごはんよ」と母が兄を呼びにいって、返事がないのでドアを開けると、すでに冷たくなった兄が脚を投げ出して座った格好で絶命していたのだ。

そして、これも後に判明したことだが、同じ時刻に兄のガールフレンドも自殺していた。兄の死を伝えるために彼女に連絡を取ろうとして、明らかになったことだった。

二人とも遺書を残しておらず、悩んでいた素振りもなく、顔振峠を訪れたときに何かあったには違いないけれど、何が起きたのか見当がつく者が一人もなかった。

空の写真と黒ベタの画像にどんな意味があったのか、舞さんは長い間頭を悩ませていたけれど、携帯電話からスマホに切り替える際に移し忘れて、あの日兄が送ってくれた写真を三枚とも失くしてしまった。

「私は顔振峠には一生行きません。わけがわからなくて怖いから」と舞さんは言う。

閑話休題　顔振峠の噂

インターネットで顔振峠を検索してみたところ、心霊スポットとして紹介しているサイトを見つけた。顔振峠には女性の幽霊がいるそうで、「目撃した人はとても怖い体験をしており、上から女性の幽霊が落ちてきたと言っています。顔振峠を車で走行しているとボンネットに幽霊が落ちてくるなどの怖い噂があり、昔の修行に耐えられなかった人の霊なのではないかとも言われているようです」などと書かれていた。

……昔の修行？　なんの修行だろうと思って調べたら、どうやら山伏《やまぶし》の修行、修験道のことのようだ。室町時代に山本坊《やまもとぼう》・栄円《えいえん》によって関東の修験道の拠点として拓かれた霊場が、顔振峠と尾根続きで隣接した黒山《くろやま》にあるのだ。

しかし、修験道は女人禁制のはず。なぜ女の幽霊がいるのか、わからない。

第四〇話　巨大洗面器

北九州市に住む現在八〇歳の千津子《ちづこ》さんは、三〇年ほど前に変なものを目撃した。二月半ばを過ぎた、梅の咲く時季だった。子どもたちはまだ学校から帰らず、夫も会社へ行っていて留守だ。千津子さんは洗濯物を取り込むついでに、庭から土手を眺めていた。土手に梅の木がたくさん植えられており、ちょうど満開だったのだ。真ん前に土手の斜面が立ち塞がっているのがこの家の欠点だと思っているけれど、梅の時季だけは別だ。

その日は快晴で、午後三時を過ぎても空が明るかった。次第に日が長くなってきた。洗濯物を家の中にすっかり取り込んでしまっても、庭を去りがたく、格好ばかりは掃除しながら、景色を愉しんでいたところ、土手の向こうから巨大なアルマイトの洗面器が現れた。

大きな白金色の洗面器が、ゆぅるりゆるりと回転しながら浮かんでいる。

青空を背景に、土手の数メートル上を飛んで、こちらへ接近してくる。

と、思うと加速して、みるみるうちに庭の真上に来た。千津子さんは口をあんぐり開けて、洗面器の底を見あげた。足もタイヤも窓も何も無く、ツルツルしていそうで円かった。

洗面器は高度を上げて土手の方へ旋回すると、遥か上空に昇って見えなくなった。

第四一話　門司の怪①

門司港《もじこう》は、今は福岡県北九州市門司区にある観光スポット《門司港レトロ》で知られているが、明治時代に国の特別輸出港に指定されて以来、貿易港として発展してきた。

そんな門司で起きた二つの怪異をご紹介する。


一つ目は、約四〇年前に門司にある火葬場での出来事。

生花店に勤めていた佳世子《かよこ》さんは、六月の宵の口に、〇〇斎場に花を届けに行くことになった。佳世子さんはこの仕事を始めて日が浅く、〇〇斎場を訪ねるのは初めてだったので、二歳上の先輩スタッフが同行した。

「次からは一人で行ってもらうけん、道ばしっかり覚えて」と言われ、彼女は気を張って生花店のバンを運転した。

助手席の先輩に道を教えられながら行くと、間もなく斎場の看板が見えてきた。

傍に溜め池があり、水のほとりに真っ赤なクーペが駐車されていた。

「先輩、あげん場所に車が……」

「ああ、あれか。見らん方がよか！」

なぜそんなことを言うのか、と思ったが、それは帰り道に明らかになった。

搬入を終えて斎場から出ると、再び溜め池の近くを通った。赤い車がまだあって、さっきは気づかなかったことだが、運転席に若い女が乗っているのも見えた。

通りすぎる刹那、佳世子さんは女と目が合った気がした。

その直後、女は赤い車ごと掻き消えた。

後で先輩に聞いたところでは、由縁についてはわからないが、あの溜め池のそばに赤いクーペの女の幽霊が出ることは地元の若者たちの間では有名だとのことだった。

第四二話　門司の怪②

第四一話に続き、二つ目の門司の怪を綴る。

福岡の会社員、晴翔《はると》さんは、門司駅の付近にある支所に出張した。彼には少し霊感らしき力があって、何か起きる前触れとして必ず右耳の奥が鈍く痛みはじめる。このときも門司駅に着いたときから痛くなってきたので、嫌な予感がした。

あまり気にしないようにして支所へ向かった。時刻は午前一一時を少し過ぎたぐらいで、駅構内は空いていた。支所には午後一時までに着けばよかったのだが、その前にこの辺りで腹ごしらえをするにせよ、先に場所を確認しておこうと考えた次第だった。場所は南口の駅前交差点から徒歩一分と聞いていた。駅前ターミナルの向こうに交差点の信号機が見えたので、そちらへ向かって歩きだした。

突然、右耳の鈍痛が急に強まった。キィーッと黒板を引っ掻くような耳鳴りもしはじめて、思わず右耳を押さえて立ち止まった。

すると、掌《てのひら》で塞いだ耳に、後ろで大勢の人々がざわめいているような音が聞こえた。背後に大群衆がいるかのようで咄嗟《とっさ》に振り返ったが、閑散とした駅前ターミナルの景色があるばかりだった。恐る恐る掌で右耳を塞ぐ……と、ざわめきの中に幼い子どもの泣き声が聞こえた。しかし子どもの姿など無い。さらに、もう少し大きい別の子どもの「かあちゃん、かあちゃぁん！」と叫ぶ声や、若い女性が「たけし！　たけし！」と誰かの名前を呼んでいるのまで聞き取れてきたので、怖くなって掌を右耳から離した。

……喧噪は消えて、鈍痛と耳鳴りが蘇った。

そのとき、掌で押さえている間は、右耳の痛みなどが消えていたことに気がついた。

また右耳を手で塞ぐ、と、すぐに鈍い痛みが消えて、今度はゴーッという轟音《ごうおん》と入り乱れた足音、そして幾つもの悲鳴が聞こえた。

辺りを見回しても、そんな音がしそうなものは何も無かった。

幸い正午を過ぎた頃からこの異変は鎮まり、無事に出張を勤めおおせたとのことだ。

晴翔さんはこの現象を自分で分析して、「門司では空襲があったそうなので、その瞬間の門司と僕の右耳のチャンネルがたまたま合ったのかもしれません」と仰っている。

――第二次大戦中、門司では、一九四四年六月の八幡《やはた》空襲で二六二人、一九四五年六月と七月の門司大空襲で一八〇〇〇人の死傷者が出た。三七七〇戸の家屋が焼失し、明治以来の国際貿易港の花舞台、門司の町は壊滅的な打撃を被ったという。

第四三話　その女の姿

一〇年ほど前のこと、左官屋の壱郎《いちろう》さんは、その頃、山口県で進行中だった少し大きな仕事を請け負い、同県岩国《いわくに》市の寮に入居することになった。

寮といっても元請けが今回のためだけに借り上げた一戸建ての民家で、左官屋や工事作業員など壱郎さんを入れて男ばかり四人が、そこで当分の間、共同生活を送るのである。

着いたその日は大雨が降っていて仕事が出来ず、新しい仲間と酒盛りをして親交を深めようということになった。

茶の間でテレビを点けて適当に観ながら、明るいうちから飲み食いしていると、玄関の方でガシャンガシャンと物音がした。

この家の玄関は磨りガラスの引き戸になっていた。どうも、その引き戸を叩いたようだ。

「誰か来たんやなかか？」と壱郎さんが言うと、仲間の一人が座ったまま茶の間の襖《ふすま》を開けて、「はーい！」と玄関の方へ向かって声を張りあげた。

無精だな、と思ったが、壱郎さんだって玄関に行くのは面倒だった。そこで開いた襖の方へにじり寄ると、首を伸ばして玄関のようすを窺った。

「人が来とぉやんか。誰かんカミサンやなか？」

磨りガラスを透かして女のシルエットが見えた。だから誰かの妻が届け物をしに来たんじゃないかと思ったのだ。けれども皆、首を傾げて、「うちのヤツは一度も来たことがない」「わしんとこのも冷たいもんだよ」「わしゃ独身じゃ」などと口々に否定した。

「自分も独り者ばい。まあ、よかや。……鍵は開いてますから、どうぞ！」

壱郎さんが大声でそう言うと、すぐに磨りガラスの向こうから女の声がした。

「で〜は〜ご〜め〜ん〜く〜だ〜さ〜い〜」

異様に間延びした、奇妙な感じの震え声だった。

「なんや？」と四人で顔を見合わせていると、玄関の引き戸がガタッ……ガラガラ……ガタ……ガラ……と、引っ掛かりながら開いて……。

入ってきた女の姿を見た途端、全員が気を失った。

壱郎さんは、何か怖ろしいものを見たけれど、どんな姿形をしていたかは記憶していないと言う。他の三人も同様で、なぜ気絶したのか、意識を失う前に女とやりとりがあったのか、そもそも本当に女だったのかも、まるで憶えていないそうだ。

四人同時に目が覚めたときには、玄関の引き戸が開いており、外の薄闇を驟雨が霞ませているだけだった。

第四四話　幽霊画の秘密

あるとき、左官屋の壱郎さんは福岡県の飯塚《いいづか》市で仕事をすることになった。

ちなみに壱郎さんは福岡県の別の町の出身だ。同じ現場に居合わせた職人に、飯塚市の歴史や言い伝えに詳しいのがいて、面白い話を幾つも聞かせてもらった。

ここには昔、平家の落人《おちうど》村があって、今でも平氏の血を引く子孫がいるとか……。甕棺《かめかん》といって素焼きの甕に遺体が納めてあったことで有名な国指定重要文化財《立岩《たていわ》遺跡》をはじめ、寺山《てらやま》古墳や川島《かわしま》古墳など、古代の墓があちこちにあるとか……。

戦国時代の山城跡や合戦場跡も多く、当時の逸話には陰惨なものも少なくない。たとえば、宗像氏《むなかたし》の姫の病気快復を祈願した三〇人の山伏が、帰りの山道で皆殺しにされた話。その死体を埋めた山伏塚が市内にあるが、あそこを掘ったら山伏たちの骨が出てくるかも……とか。

壱郎さんはどれも興味深く聴き入り、それが嬉しかったようで職人の方でも次から次と話を披露した。だが、とうとう種切れになって、すると、個人的な体験談を話しだした。

「友だちに古か寺ん息子がおって、そん寺に一幅ん幽霊画があるったい。江戸時代か明治時代かわからんが、大昔に誰かから預かって、そんままになったげな。きっと押しつけられたに違いなか。なしてかて言うと、そん幽霊画は、見ただけで祟りに遭うそうなんや」

壱郎さんは好奇心を掻きたてられて、「もしかして、見たんか？」と訊ねた。

職人は頭を振って「見たら死んどぉばい」と笑った。そこで、「どげん絵なんか、話ぐらい聞いとぉやろう」と追求したのだが、「話しとねぇし知らん方がよか。誰かに話しただけででん祟らるるかもしれんけん」と言って、頑として口を割らなかった。

その翌朝、いつものように現場で顔を合わせると、職人が心持ち青ざめて、

「昨夜、例ん寺ん息子から電話が掛かってきて、幽霊画んことば、なして他人に話したんかて言うて問い詰められたんや……」と話しはじめた。

「確かに職人仲間に話したが、なしてわかったんか問うたところ、『幽霊画ば保管してある場所から声が聞こえた』て言うっちゃん。しかも、『もしかしたら今夜、幽霊がおまえば訪ねて行くかもしれんけん気ぃばつけれや！』っち……」

「……来たと？」

「いや。来んかったごた！　ばってん昨日、壱郎しゃんに話しとったら確実に来たんやろうな。幽霊画ん秘密ば、うっかりバラしゃのうてよかった。助かったばい！」

閑話休題　山伏塚

福岡県飯塚市という土地はおもしろそうだが、まだ訪れたことがない。今がコロナ禍の二〇二〇年の春でなければ、さっそく取材に行くところだ。

第四四話の幽霊画について、問題の寺院の見当がついたが、お寺に電話して訊いたらはぐらかされてしまった。そんな安直なやり方では駄目なのだろう。菓子折り持参でご住職に頼み込むのは後日に回して、山伏塚の話をご紹介したいと思う。（※）

――時は一五五六年の春、室町幕府第一三代征夷大将軍・足利義輝《あしかがよしてる》の頃、筑前《ちくぜん》国の大名・宗像氏貞《うじさだ》は愛娘のことで悩んでいた。

姫は一五歳で、氏貞はそれはそれは可愛がっていたのだが、この年の三月二三日に突然物狂いとなり、あらぬことを口走って暴れ、手のつけようがなかった。医者に匙《さじ》を投げられてしまい、困り果てた氏貞は、「これは我が家に仇なす怨霊の祟りであろう」と考えて、怨霊調伏《ちょうぶく》のために英彦山《ひこさん》から山伏を招くことにした。

英彦山は名高い霊山なので、優れた修験者がいるに違いなかった。

頼みを聞いた英彦山では、ほかならぬ宗像様のためならば、と、選りすぐりの山伏三〇人を集めて、物狂いの姫と氏貞が待つ蔦ヶ岳《つたがたけ》城に遣わした。

氏貞は山伏の祈祷に備えて祭壇を用意し、そこに代々伝わる家宝の数々を供えた。それに向かって山伏たちが祈祷したところ、姫は正気を取り戻した。氏貞は山伏たちに感謝して、調伏の報酬として金子を渡した。しかし山伏はそれで満足せず、「神前に供えられた物はすでに神の物である」と言い張り、祭壇の家宝を洗いざらい奪って城を後にした。

氏貞は、家臣のいる笠木城へ使いを出して、山伏から家宝を取り戻せと命じた。

笠木城の郎党は、英彦山への帰路にある三の谷で待ち伏せして、山伏を皆殺しにして、家宝を奪い返した。

福岡県飯塚市の大谷神社には、本殿脇に石造りの祠《ほこら》が四基祀られている。山伏たちの骸《むくろ》は、その祠の下に今も眠っている――

※『ふるさと筑豊　民話と史実を探る』朝日新聞筑豊支局編を参照しました

第四五話　黴の部屋

「あれから二〇年も経ちましたが、未だに原因がわかりません」

そう言って、現在八二歳の富子《とみこ》さんは話しはじめた。

富子さんが六二歳のとき、三つ上の夫が最後の仕事を退職したことを機に、それまで住んでいた借家を引き払い、川沿いに建つ二階建てアパートへ引っ越した。

収入が減る分、家賃を節約することにしたのだった。子どもたちが全員巣立った今、広い借家は必要がない。そこで小さなアパートに移ったわけだが……。

「午前中に買ってきたばかりのパンをお昼ご飯に食べようと思って袋から出したら、カチカチになっていて異臭もしたので、驚いて落っことしてしまったんですよ。買ったときはフワフワだったのにわずか二時間ばかりの間に硬くなっていて、見たら、切り口に黴《かび》がびっしり生えていました。もちろんすぐに捨てましたが……あり得ませんよね？」

さらに間もなく、こんなことも起きた。

蒲団に横になった途端に黴の臭いがしてきて、しかも次第に臭いが濃厚になるので、たまらず夫婦で飛び起きて、敷き蒲団を裏返してみたところ、蒲団の裏と畳が黴で真っ黒になっていたのである。

「敷いたときは何ともなかったのに、数分でそういう状態になったんです」

それからは次々に異変が起きた——冷蔵庫に入れておいた食べ物が停電でもないのに一晩で全部腐ってしまった。買ったばかりの洗濯機が故障して、電器屋に点検してもらったらモーターが錆びだらけになっていると言われた他、電化製品はことごとく錆びたり壊れたりして使い物にならなくなった。浴室の赤カビは何度掃除しても見る間にはびこった。

「二週間もしたら、夫婦揃って病人みたいになりました」

川沿いのアパートだから湿度が高いにせよ、こんなにも素早く黴が増殖することはありえない。異常な現象に見舞われているとしか思えなかったが、富子さんたちには思い当たることが一つも無かった。

それでも敷金礼金を支払ってしまったのだから……と、お金を惜しんで住もうとしたけれど、ある晩、寝る前に消したはずのテレビが真夜中に大音量で鳴りはじめて叩き起こされ、とうとう恐ろしくなって三月《みつき》経たずに引っ越したとのこと。

富子さんから当時の住所を教えてもらったが、調べても因縁めいた話は出てこなかった。余所《よそ》へ移ってからは、黴に悩まされることがなくなったというのだが。

第四六話　次は……

ほくろを祖母から継いだ話（第五話）の春夫さんから再びご連絡をいただいた。そのとき彼は「つい昨日の出来事」と言っていたから、二〇二〇年二月二八日に起きたことだ。時刻も明らかで、午後八時四五分に、彼は勤務先の最寄駅であるJR神戸線の元町《もとまち》駅に徒歩で到着した。自宅は一駅目の神戸駅の傍で、電車は六分毎に来るはずだった。ところが一〇分以上経っても来ない。そこでツイッターでJR西日本の運行情報アカウントを検索してみると、沿線の西宮《にしのみや》駅で人身事故があって遅延していることが判明した。徒歩で帰れない距離ではないが、疲れていたので駅前からタクシーに乗ることにした。タクシー乗り場で、この辺りではメジャーなタクシー会社の車に乗った。運転手は六〇歳前後で小柄で小太り、眼鏡を掛けた顔に愛嬌があって人が好さそうな感じだ。

春夫さんは行き先を告げると話しかけた。

「西宮駅で人身事故があったみたいですよ」

「そうなんですか。前に西明石《にしあかし》駅で人身事故があったときも、お客さんを送りました」

運転手は快く会話に応じた。そこで春夫さんも言葉を繋げた。

「なんで電車に飛び込んだりするんでしょうね」

「ほんまに遺族の方もお気の毒やねんなぁ……」

元町駅から家までの距離は二・七キロで、タクシーなら一〇分足らずの道程だ。

ほどなく、神戸駅付近の大きな交差点に差し掛かった。赤信号で停止すると、運転手が突然、「実は私の家は呪われてるんです」と告白し始めた。

同時に車内に冷気が満ちた。物理的に温度が下がったとしか思えないが、その冷気の出所が、後部座席の自分の隣、運転手の真後ろの辺りのようなのだ。

こういうときに限って信号がなかなか変わらない。

「私の父が中古の仏壇を買《こ》うてきて……それが、後からわかったんですけど、恨みのある男を呪い殺すために、その仏壇に向かって拝んどった女性がおったらしゅうて……。まず父が死にました。それから長兄が死に、下の兄も死に……次は私の番やさかい……」

「怖いですね！」と春夫さんは抗議のつもりで言ったが、運転手には通じなかった。

「……実家から逃げ出してきたんですよ。……ほやけど、助かるかどうか……」

また一段と空気が冷えてきた。このままでは凍えてしまいそうである。

「あのっ、ここでいいです！　降ります！　釣銭は取っといてください！」

春夫さんは素早く支払いを済ませて車を降りた。

タクシーのドアが閉まる刹那に、運転手を真後ろから睨む長い髪の女が見えた。

第四七話　平和記念公園

現在、春夫さんは神戸にお住まいだが、出身は広島で、大学は福岡県にある国立大学に進学した。今から二六、七年前、彼が二一歳の頃、夏休みで広島に帰省したとき、高校の同級生八人と集まった。春夫さんを入れて九人。ちょっとした同窓会の様相だ。

広島市の繁華街で、まずは居酒屋、次にカラオケボックス……と梯子《はしご》して、財布の中身が乏しくなった午前零時過ぎ、公園で飲んで〆《しめ》とそうと誰かが言いだした。

皆で同意して、ぞろぞろとコンビニに行って酒とポテトチップスを買った。だが、適当な公園がなかなか見つからない。どこも真っ暗だったり不良がたむろしていたり……。一行はコンビニのレジ袋を提げて夜中の街を歩きまわり、やがて《平和記念公園》の傍までやってきた。すると遠目からでも園内が明るくライトアップされているのが見てとれた。

「あそこにせん？」と一人が提案すると反対する者がなかった。

通称「原爆死没者慰霊碑」で知られる《広島平和都市記念碑》の前に広々とした芝生の植え込みがある。今ではそこは侵入が禁止されているように私は記憶しているし、当時も駄目だったのかもしれないが、春夫さんたちの目にはうってつけの宴会場と映った。

さっそく芝生の真ん中で車座になって酒盛りを始めた。

やがてトイレに行くヤツが出てきた。しばらくして後ろから肩を叩かれたので、そいつが帰ってきたのかと思ったが、振り向くと誰もいない。ちょうどそのとき小用を済ませたのが戻ってきたから、「われ、脅かそうとしてわしの肩を叩いたじゃろう?」と訊いた。「やっとらんよ」と答えたヤツが、言った途端に「何?」と後ろを振り向いた。そっちには芝生しか無いのである。さっきの自分と同じだ、と、春夫さんはうそ寒い思いがした。

その直後、三〇〇人ぐらいの全身が焼け爛《ただ》れた原爆被害者が自分たちを取り囲んで、興味深そうに……それとも恨めしそうに……覗き込んでいる光景が視えてしまった。

春夫さんの表情が変わったのを見て、仲間たちが「なんかおるん?」と騒ぎはじめた。

春夫さんは誤魔化そうとした。霊感があることは自覚していたが、幽霊が視えるなんて言ったら頭がおかしいと思われるのがオチだ。「いや別に、なんも……」

ところがすぐに、今度は六人ばかりも同時に「何?」と背後を振り向き、途端に一斉に絶叫した。悲鳴をあげただけではなく、文字通りピョンと飛び上がって公園の出口を目指して駆けだしてしまった。春夫さんと残りの二人も芝生にゴミを置きっぱなしで後を追った。

公園からだいぶ離れてから、皆でひと息吐いて話し合った。

「めっちゃおったよな」「そう言えば、お盆や」「わしにも視えた！　初めてじゃ」

春夫さんは「視えたんなら先に言うてくれ」と後で仲間に責められたということだ。

第四八話　高速道路の白兎

二〇〇三年の一一月中旬、当時三一歳の会社員だった春夫さんは、東京から勤務先がある愛媛《えひめ》県松山《まつやま》市へ、社長を乗せた車を運転して帰ることになった。

公共の交通機関を使えば楽なのに、と、彼は内心思っていたが、社長はあくまでも車で移動することにこだわった。復路も車で、休憩時間を除いても一〇時間以上を要した。

同じ道を帰ったわけだが、社長が高熱を発して後部座席で寝ている点が往路と異なった。東京出張中に社長は風邪をこじらせてしまったのである。行きでは社長が途中で少しだけ運転を代わってくれた。しかし今度は春夫さんが全部、運転するしかない。

東京を午後二時頃に発って、名神高速道路の滋賀《しが》県・竜王《りゅうおう》インターチェンジを通過したのは夜の七時半を少し回ったぐらいだった。インターチェンジを過ぎると、次第に周囲が森に呑まれた。次のサービスエリアで休もうと思いながら山中の道路を進んでいく……と、遥か前方に何か白っぽくて小さなものが二つ現れた。

遠いから細かなところはわからないが、ぴょこたんぴょこたんと仲良く並んで跳ねている。あのようすからして兎《うさぎ》だろう、と、春夫さんは推理した。野兎は茶色いものと思っていたが、白いのもいるのかもしれない。どうやって高速道路に迷い込んだのか……。

――轢きたくないなぁ。

春夫さんはバックミラーを見て後続車がいないことを確認すると、車線を変更した。

二羽の兎は進行方向でまだ跳ねている。

後ろから車が来る気配はない。好奇心から、通りすぎざまにあの兎たちを観察してみたいと思い、彼は速度を緩めた。

接近するにつれて、兎にしては格好が変だと気がついた。耳はどこだ？

……あれは……人の足じゃないか！

くるぶしを備えた足首、足の裏、五本の指まで、紛《まご》う方なき人の足！

足首の少し上の方から先はスーッと薄れて消えているが、一対の骨太な男の足が踊りながら歩いている。

リズミカルにステップを踏むような動きが、兎が跳ねているように見せていたのだった。

呆気に取られながら横を通り過ぎて、サイドミラーで確かめたら、まだ跳ね踊っていた。

その後、寝ていた社長をサービスエリアで起こして、このことを話したが、社長は熱に浮かされた赤い顔をして「早《はよ》う帰ろう」と言うばかりだった。

第四九話　赤い人形の部屋

当時三二歳の会社員、春夫さんは、社長にお供して雑居ビルの視察に行った。

会社と同じ松山市内にあって、ビルの管理者はかねてから社長と面識がある女性経営者だという。社長は自社製品の販促イベントなどを催すのに適した物件を探していた。

訪ねてみれば、一階は生鮮食品や日用品のストア、二階は某球団選手のオフィスになっていて、三階から最上階の六階まで空いているという。どの階も標準的なコンビニの三倍程度の床面積があり、水回り以外はワンルームの造りだという説明を最初に受けた。

築年数が経っていそうではあったが、立地条件がとても良かったので、社長はすっかり借りる気になり、六階から順に見せてもらうことになった。

ビル管理をしている女性経営者に鍵を貸してもらって、春夫さんと社長の二人でエレベーターに乗り、六階を訪ねると、採光が悪くて薄暗いが、広さは充分で、まあまあだった。

次に五階へ——エレベーターの扉が開いたら、いきなり目の前に山積みのダンボール箱が立ち塞がった。「なんだこりゃ？　物置みたいじゃのぉ」と社長が呆れた。

とりあえず箱の山を迂回して室内に足を踏み入れた。そこにも物置じみた光景が広がっていた。以前はどこかの事務所だったのだろうが、事務機器もデスクも置きっぱなしで、夜逃げでもしたように見える。ここも陽が差し込みづらいようで影が濃い。

そんな部屋の真ん中に、セルロイドの人形がぽつねんと打ち捨てられていた。

今や骨董的な価値がありそうな昭和時代の人形だが、ダルマに短い手足を付けたようなフォルムと異様に大きな丸い頭が奇形的で、胴体が毒々しい赤色に塗装されており、悪趣味に感じた。なんだか気持ちが悪い物だ。しかも偶然だろうが、そいつは仰向けの姿勢のまま、顔だけ春夫さんたちの方に向けていた。

侵入者に気づき、首を回して注視した……というふうに想像できてしまうのだった。

そのとき社長が「ここ不気味やない？」と話しかけてきた。

すると春夫さんが返事をするより先に、突然、部屋がガクンと暗くなった。

と、同時に人形が赤く輝きだした。その赤い光に照らされて、部屋の奥の闇に包まれた辺りから大勢の人がドワーッと湧き出してきた。社長が悲鳴をあげてエレベーターへ駆け込んで「早う来んか！」と怒鳴った。言われなくとも春夫さんも急いでいた。

「ヤバいヤバいヤバい！」と叫びながらエレベーターに飛び乗って「閉」ボタンを連打した。

ドアが閉まる寸前に、グレーの作業着を着た脚が見えた。すると頭の中に黒縁眼鏡をかけた男の姿が浮かんだ。その直後に社長が「五〇ぐらいのオッサンがおまえの後ろにピッタリ張りついとったわい」と言った。聞けば、そいつは黒縁の眼鏡を掛けていたという。

第五〇話　巫女の息子

視察に行ったビルの五階で怪奇現象に遭った三二歳の会社員、春夫さんと社長の二人は、ビルの管理者である女性経営者に、自分たちが目撃したものについて説明したが、彼女は「だから何?」と言いたそうな口ぶりで「五階は出るんよ」と、そっけなかった。

乗ってきた車に戻ると、社長は悪寒がすると訴えて、助手席でブルブル震えだした。

春夫さんもハンドルを握ろうとして、自分の手が震えているのに気がついた。

腹の底から激しい怖気《おぞけ》が湧いてきて震えてしまうのだ。内臓が氷に変わってしまったように感じる。震えが止まらないと、まともに運転できない。

困った、と、思ったら、携帯電話に着信があった。

会社のアルバイトで、採用面接のとき「巫女《みこ》の息子です」と自己紹介した若者がいた。

それが急に春夫さんに電話を掛けてきたのだ。

「社長を連れて、近くのお寺か神社へ、はよ行って!」

「えっ?　ええ?」

「お二人が悪い霊に遭《お》うたのがわかったけん!　放っておくとマズいヤツです!　視察に行かれましたよね?　そこで自殺したオジサンが悪霊になって憑いとります!」

春夫さんと社長は、さっき黒縁眼鏡を掛けた五〇代ぐらいの男の霊を視てしまったばかりである。

「……ど、どんなオッサン？」

「縁が黒い眼鏡掛けた中年の人じゃ！　とにかく急いでお寺へ行ってつかぁさい！」

そこから目と鼻の先に小さな寺があった。社長と二人でガタガタ震えながらそちらへ向かうと、山門の前に立った途端に震えが止んだ。

翌日、例の巫女の息子に事の顛末《てんまつ》を話したら、滔々《とうとう》とこう述べた。

「黒縁眼鏡の男は以前あそこで首吊り自殺しとります。ドワァと湧いて出た他の霊は、集まってきた浮遊霊か何かじゃ。春夫さんの方を見よった赤い人形の正体は判らんが、こいつがいちばん邪悪なんやないかな？　でも、どれも寺や神社に行ったら自然に祓われる程度の力しかなくて、幸いでした」

「……なんで、そんなことがわかるの？」

「ただの直感です」

第五一話　生き延びた高橋

八〇年代の出来事だという。博子さんは当時、北海道の岩内《いわない》郡岩内町というところに住んでいた。海水浴場がある海沿いの町だ。

北海道の夏は短く、遊泳が解禁されるのは盛夏の一ヶ月間だけだった。地元の子どもたちは、その一ヶ月限定の海を目一杯愉しんだものだった。

博子さんが中二の夏休み、同じ中学校に在学する男子生徒が三人も海で亡くなった。

そのうち一人は地元にある件の海水浴場で、あとの二人は何十キロも離れた遠い所の海水浴場で、それぞれ命を落とした。どれもがいわゆる水難事故で、溺死したものであり、自殺を含めて事件性は皆無だった。

ただし一つだけ奇妙な点があった。

鬼籍に入った三人は全員、姓が「高橋」だったのだ。

事故後、博子さんの学校では海水浴を禁止した。「高橋」という姓の教師が、最も真剣に海水浴禁止を説いてまわった。高橋先生は、その後も長らく、海を恐れていた。

閑話休題　メヌカの嫉妬

博子さんが記憶している岩内大浜海水浴場はすでに無い。そこには九〇年頃から工業団地とフェリーターミナルが造られた。だが、二〇年余り前にフェリーの運航も廃止されて、今は寂しい光景を呈している。しかし岩内町には、他にも観光資源が多々ある。

その一つが、次のようなアイヌと義経の伝説だ。

――義経一行はアイヌとの争いに敗れて、首長・チパに囚われた。しかし勝利したアイヌの人々が祝いの宴を開いたところ、急に祭壇が崩れた。チパは義経を捕らえたことに対して神が怒っているのだと悟り、義経たちを解放してもてなした。そのうち、チパの娘・メヌカと義経がただならぬ仲に……。やがて別れのときが来て、義経はメヌカに「来年はきっと帰る」と約束した。だが一年経っても義経は戻らず、絶望したメヌカは岩から海に身を投げた。

その岩は「メヌカ岩」、そしてこの地は義経がメヌカに約束した「らいねん」を元に「雷電」と名付けられたのだというが、怖いのは、それ以降この辺りの海では内地から来た女性の乗っている船が難破するようになったと言い伝えられていることだ。

メヌカは義経の正室・郷御前《さとごぜん》に嫉妬したのだろう。しかし、その他大勢の内地の女としては、そうも無差別に祟られてはたまったものではないと思う。

第五二話　痣

　ＤＶがついには殺人に至った事件が時折ニュースになるけれど、被害者が自ら命を断ってしまって、加害者はお咎めなしになる場合もあるのかもしれない。今回、三〇歳の主婦、亜由《あゆ》さんの話を伺ってそう思うようになった。

「私の兄は酷い人間でした」――亜由さんはこう話を切り出した。

　亜由さんの三つ上の兄は、派遣社員だった二三歳のときにミサトさんという女性と入籍した。二人は専門学校の同級生で、四年前から交際していたが、ミサトさんが妊娠したために結婚を決意したのだった。

　しかし、すぐに家計が厳しくなり、それと同時に兄がミサトさんを虐《いじ》めるようになった。一緒に暮らしだした時点で、ミサトさんは妊娠五ヶ月。そろそろお腹が目立ってくる頃だ。

「兄たちは、食費を浮かせるためにうちによく来ていたんですが、私たちの前で『こんなみっともない身体になりやがって』と言ってミサトさんを小突いたことがありました。それで両親に叱られても兄は堪《こた》えたようすがなくて。ミサトさんは、うつむいているだけで……」

　亜由さんは心配して、スマホでミサトさんと連絡を取りはじめた。しかし、やがて急に連絡がつかなくなったのでアパートにようすを見に行ったところ、顔を内出血の痣《あざ》だらけにしたミサトさんが玄関に出てきて、兄にスマホを取り上げられたと説明した。

「もうスマホどころじゃないと思いました。だって紫色の痣が顔じゅうに……。私は驚いて、病院に行こうと言いました。するとミサトさんが『今日これから実家に帰るから大丈夫』って。もう午後の三時頃でしたし、ミサトさんの田舎は鳥取で、お母さんが亡くなっていてお父さんも病気がちだと聞いていたので、嘘だと思いましたが、ミサトさんも強情で……」

亜由さんが立ち去って間もなく、ミサトさんは浴室で首を吊って自殺した。

亡くなったミサトさんの身体は打撲傷だらけだった。お腹の赤ん坊も助からなかった。

妊娠八ヶ月、結婚から約三ヶ月、今からおよそ一〇年前の六月のことだった。

「ミサトさんの遺体は兄が発見したのですが、翌日、ミサトさんのお父さんがうちにいらしたときに、兄が『赤ん坊が泣いてる』と口走ったんです。兄にだけ泣き声が聞こえたようでした。でも、それからは平然としたようすで……本当に冷酷な人だなぁ、と……」

やがて彼は平常な生活に戻った。ところが、アパートを引き払って実家に戻った頃から、身体の至るところに紫色の痣が浮きだしてきた。病院で紫斑《しはん》病と診断されて治療を受けたが酷くなるばかりで、顔まで痛みを伴う痣で覆われた挙句、とうとう首吊り自殺した。

痣が出来はじめてから、ちょうど三ヶ月ほど経っていた。

「兄は、虐めた時間の分だけ、ミサトさんに仕返しされたんだと思います」

第五三話　金縛り

一九七三年生まれの昭《あきら》さんが中学三年生のときと言えば、今から三二年前のことになる。九月に入ったものの夏がぶり返したような陽気が続いていた時分だった。昭さんの家は東京の練馬区に父が建てた純日本家屋で風通しが良かったが、その晩は窓と襖を全開にしても蒸し暑くて寝苦しかった。

夜の一〇時頃、昭さんと兄は共有している和室に蒲団を並べて眠る態勢に入った。

兄はすぐに寝息を立てはじめた。昭さんも眠気を覚えながら目を瞑った。……今しも眠りの中へ滑り込みそうだと感じていたら、金縛りに掛かった。

昭さんは小学校の頃にオカルト的な内容を含む超科学系の雑学本を学級文庫で借りて熱心に読んだ口だったので、金縛りは科学的に解明されている脳や神経のトラブルなのだと知っていた。

また、これが初めてでもなく、一一歳ぐらいから度々、金縛りに遭っていたので、このときも最初は「またか」と思っただけだった。

じっと耐えていれば普通の睡眠状態に戻れる……はずだったが、今夜に限って何か変だ。

横たわったまま部屋全体が見渡せるのだ。意識が身体から離れて空中に浮遊しているような感じだ。「意識の眼」とでも呼ぶべき感覚を手に入れたというか……。

キョロキョロと辺りを見回していると、やがて、襖を開け放った戸口に緑色の光が差してきた。どんどん輝きが強まり、程なく光の核心が姿を現した。

蛍光色の緑に輝く、大人の等身大のノッペラボウ。素っ裸で髪も目鼻も口も無い。手足の指も見当たらないが、人の形をしている。

見た瞬間、何の根拠もなく、あれは父方の祖父だと閃いた。

父方の祖父は昭さんが生まれる前に亡くなっていたのだが……。

そう直感した途端に、緑の人はシューッと縮んで消えてしまった。

そのときには身体の自由を取り戻していたが、以降、彼は金縛りを恐れるようになった。


――ちなみに金縛りは医学用語では《睡眠麻痺《まひ》》と呼ばれ、科学的に解明されている現象なので、昭さんの認識は正しい。大脳が休むノンレム睡眠と脳が活発に働くレム睡眠が、人の眠りには交互に訪れる。レム睡眠中は脳は活動するが、身体は活動を休止する。このとき脳が目覚めると金縛りが起きる――。

第五四話　祓いに来た従伯母

一九八九年の九月初旬、当時高校一年生の昭さんは、ある朝、父が突然に「こんどの日曜におまえたちをお祓いをしてもらうことにした」と宣言したので驚いた。

母の従姉《いとこ》が祈祷師を生業にしていることは知っていた。その夫が仏教の僧侶で、祈祷の際には夫婦で事に当たるのだとも聞いていた。

しかし昭さんは彼らに一度も会ったことがなく、普段は思い出すこともなかった。

家族団欒《だんらん》の場で従伯母《いとこおば》夫婦のことが話題に上ったためしがないのだ。母は従伯母と仲が良いようだが、その職業には子どもの前で口を憚《はばか》らせるものを感じているようだった。

その従伯母夫婦を、父が日曜日に家に招いたのだという。

母もそれを承知していた。そもそも、昨日、従伯母が母に電話を掛けてきて、大急ぎでお祓いを受けるように説得して始まったことなのだと母は説明した。

「従姉が言うには、次男と三男を、大至急、祓う必要があるんですって」

三男は昭さんだ。彼は三つ年上の次兄と顔を見合わせた。

まったく心あたりが無いわけではなかった。

昭さんは、昨年、金縛りの最中に緑色に光る人を目撃したし、また今年に入ってからは蒲団に寝ていたら肘から先だけの一対の白い手が現れ、両脚を掴まれて宙に釣り上げられそうになった。「夢に違いない」と信じ込もうとしていたのだが……。

そう言えば、ときどき胸がギュッと締めつけられるように痛むこともある、と、昭さんは思った。いつもすぐに治るから気にしていなかったが……。

日曜日になった。

六〇歳前後の一種異様な男女が家に訪れた。地味なビジネススーツの婦人が従伯母で、黒い袈裟衣《けさごろも》に身を包んだ男性が従伯父《いとこおじ》に違いない。

聞けば従伯父は真言《しんごん》宗の僧侶で、日頃は寺にいて厄除開運を良くするとか。だが、従伯母の方が霊力が優っているため、こうして夫婦でお祓いに出向くことがあるとのこと——夫に持ち上げられても従伯母は表情を変えなかった。

挨拶が済み、茶の間に六人で落ち着くと、従伯母は、まず、昭さんに告げた。

「あなたは胸に憑いている」

そう言われた途端に胸の奥がギュギュッと痛んだ。

次に従伯母は、昭さんの横で硬くなっている次男をためつすがめつして、「こちらは全身に憑いている」と無慈悲な宣告をした。

第五五話　シノビちゃんと熱くなる石

祈祷師を生業とする母方の従伯母と、その夫で真言宗の僧侶という従伯父に、一六歳の昭さんと二歳上の兄は、それぞれに取り憑いている悪霊を祓ってもらうことになった。

従伯母が千里眼で霊視して、兄弟に祟りが生じているので急いで祓わなくては大変なことになると母に電話で告げ、それを聞いた父が、この夫婦を家に呼んだのである。

従伯母によれば、昭さんは胸に、兄は全身に悪い霊が憑いているという。面と向かって宣告されて怯えている二人を、従伯母は、黒い袈裟衣の従伯父の真正面に正座させた。

すぐに従伯父が数珠を擦り合わせながら、真言宗の光明《こうみょう》真言を唱えはじめた。

「おん　あぼきゃ　べいろしゃのう　まかぼだら　まにはんどま　じんばら……」

次に般若心経《はんにゃしんぎょう》を唱えだすと、従伯母が、持ってきたスーツケースから七つ道具を取り出して兄弟の脇に並べだした――白木の棒に白い紙を挟んだ幣束《へいそく》、丸みを帯びたソフトボール大の大理石、全長四〇センチほどで青っぽい友禅の振袖を着た市松人形。

「この子はシノビちゃんというの。……あらまた前髪が伸びてるわ。後で切りましょうねぇ」

従伯母が人形に話しかけるのを見て昭さんは戦慄したが、それを「はい、抱っこして」

と膝に置かれたので、ゾッとするのを通り越して頭の中が真っ白になった。

「あなたには、これ」と石を持たされた兄がホッとした顔をしているのが悔しい。しかし従伯母はすぐにこう言って兄の希望を打ち砕いた。

「二人には人形と石を交互に持ってもらいます。膝に乗せて両手でしっかり支えなさい」

そして、「だんだん石が熱くなるけど我慢してね」と付け足した。

従伯父の読経が粛々と流れ、父と母は部屋の隅に正座して控えている。兄弟もじっと正座して、ただ従伯母だけがせっせと動いて、一定の間隔で人形と石を交換した。

昭さんは、初めは人形が怖かったが、次第に、石の方に脅威を感じるようになった。

なぜなら、従伯母が言った通りに、石が熱を持ってきたからだ。

石は斑が入って灰色っぽく、一見、どこにでもありそうな普通の石だ。しかし、兄と交互に持たされるうちに懐炉《かいろ》のように明確に熱を放射しだしたのだ。

熱さに耐えられなくなる寸前、唐突に「はい。これでお終い」と従伯母は兄弟に告げて、石と人形を取り上げた。すると全身がふわっと軽くなり、この上ない爽快感に包まれた。

「清々しい気分でしょう？　シノビちゃんが、あなたたちが大変なことになっていると私に知らせてくれたの。シノビちゃんに、よく感謝してね」

昭さんと兄は、人形に向かって頭を垂れ、一所懸命に御礼を述べた。

第五六話　隣家の婦人

一六歳の昭さんの母方従伯母は祈祷師だ。あるとき夕食の席で、母が隣家の奥さんには何か霊障が起きているようだと話した。だから従伯母を紹介したのだという。

次の日曜日、家族で昼飯を食べていると、大型肉食獣の咆哮《ほうこう》らしきものがお隣から聞こえはじめた。

練馬区の住宅街に虎やライオンが吼えるわけがない。皆、箸《はし》を止めて耳をそばだてた。すると、獣が激しく吼えたり唸ったりする声の背後から、従伯母が祈祷する際に常に同道する従伯父（真言宗の僧侶）の読経が微かに漏れ伝わってきた。

「お隣の奥さんて、たしか小柄で細い人だったよな？」と父が母に確かめた。

「ええ、華奢で大人しい人ですよ。……狐《きつね》憑きかしら？」と母が言った。

「狐はコンコンだろ？　ありゃ、ガオーッ！　だ」と父。

昭さんは「見に行きたい」と正直に言って両親に叱られた。

小一時間も物凄い声が聞こえていたが、急に止んだかと思うと静まり返った。

翌朝、登校する際に昭さんは隣の奥さんと家の前で擦れ違った。いつもとまったく変わりのない綺麗なおばさんで、そのためかえって怖かった。

閑話休題　祓い師

お気づきだと思うが、第五四話から第五六話までは所謂《いわゆる》《憑き物落とし》を巡る話で全部繋がっている。然しながら憑き物落としに定義は無く、祓いの儀式を執り行う者が信ずる宗教や思想によって異なるので、これが典型的な例ではない。むしろ異色の方だろう。

私は憑き物落としと言うと、京極夏彦《きょうごくなつひこ》先生の小説《百鬼夜行《ひゃっきやこう》シリーズ》に登場する京極堂こと中禅寺《ちゅうぜんじ》秋彦《あきひこ》を想い起してしまうのだが、昨今の実在する憑き物落としの術者も、京極堂のように日頃は社会に溶け込んで暮らしているようだ。

これは今までに幾つも憑き物系の体験談を取材してきてわかったことだ。昔は、怨霊を祓うのは世捨て人みたいな高僧か山伏だという先入観を持っていた。

ちなみに、祓い師としても活動されている某怪談師は、私を軽く霊視して、「たくさん憑いているけれど、川奈さんは祓いたくないんですよね？」と言い当てた。

そう。憑き物を憑けておいた方が怪談が書きやすくなるような気がするので、祓ってもらっては困るのだ。

第五七話　友、来たる

関西在住の澄夫さん（※）は全盲だが、子どもの頃は目が見えていた。そのため、目明きだった頃から付き合いのある友人たちには特別な思い入れがある。

彼らだけが顔を思い浮かべられる友人だからだ。

なかでも中学校の同級生だったヨシオとユリの二人のことは大切に想っていた。

三人とも五十を過ぎてしまったから、ずいぶん長い付き合いになる。しかし、ユリは頻繁に電話を寄越すし、ヨシオは関東に住んでいるというのに、たまに遊びに来てくれる。

この三月にも、ヨシオが訪ねてくることになっていた。正月に会ったとき、「こんど一緒に京都に行こう」と誘ってくれたので、二人で京都の名所巡りをする計画を立てた。

「俺の家に泊まればいい」と言うと、「そうさせてもらう」とヨシオは応えた。

嬉しそうな声だった。少年時代の彼の日焼けした笑顔が自然と胸に描かれた。

ところが、一月末、ユリが泣きながら電話をかけてきて言うことには、ヨシオが死んだ、と。心筋梗塞による突然死だった。

お通夜と告別式が済んで、やがて四十九日を迎えた。

そういえばもう三月だ、と思って、ハッと気づいた。

なんと、命日から四十八日目にあたる今日は、ヨシオが来るはずだった日だ。

こんな悲しい偶然があるものなのか。

ユリならば、ただの偶然と嗤《わら》うことはないだろう。

一緒に涙を流してくれるはずと思い、スマホの Siri に「ユリに電話して」と命じたのだが……。

「ヤマシタヨシオさんについてお調べします」

ヨシオの姓はヤマシタ。

うっそりとした寒気を覚えながら、スマホを再起動した。

すると無事に、ユリに電話をすることができた。そこで今起きたことも話したところ、

「そのまま Siri に調べさせたら、ヨシオの今の連絡先を提示したのかしら？」

と、ユリが言った。

そうかもしれないと思った。おそらくヨシオは、話したがっているのだろう。

その夜、夜更けにスマホが鳴って目が覚めた。通知を切って寝床に戻ると、隣から男の鼾が聞こえてきた。

――ヨシオ。来たのか。

※第一話と第二話に登場した澄夫さんと同一人物です

第五八話　解錠

　これは漫画家の鯛夢《たいむ》さんから聴いた話だ。鯛夢さんは私より一つ年上で、その彼が三〇歳のときだったというので、今から二三年前——一九九七年の年の瀬のこと、鯛夢さんは「若葉台《わかばだい》にいる再従兄《はとこ》のようすを見て来てほしい」と母に頼まれた。

　母の従姉の息子だから冠婚葬祭で会う程度だったけれど、勉学に優れた男で、見るからに真面目そうな面立ちを記憶していた。賢い上にハンサムでもあったから、子どもの頃は憧れたものだ。また、その人が社会人になってからは挫折つづきで、今は不本意な仕事に就いていることや、四十路を迎えても独身でいることも親戚から漏れ伝わって聞いていた。母によれば、母と仲が良い従伯母が「息子と連絡が取れない」と言っているのだ、と。

「従伯母《オバ》さんは年寄りだから、あなたが代わりに行ってあげてよ」

　鯛夢さんは快諾した。それというのも、翌日、五歳になったばかりの息子を連れて一緒に遊びに行く約束を妻としていたので、出掛けたついでに立ち寄ればいいと考えたのだった。

　鯛夢さんの家から若葉台までは車で三〇分余りの距離でドライブにちょうどよさそうだったし、途中に遊園地や大型ショッピングモールなどがある。まずは若葉台に行って、あの人の無事を確認したら、引き返しがてら遊園地などに立ち寄って遊べばいい——。

当日は朝食を済ませるとすぐに出発した。若葉台に到着すると、妻と息子も車から降りた。妻が「せっかくだから私たちのことを紹介して」と言ったのである。

しかし鯛夢さんは少しばかり躊躇した。そこが如何《いか》にも貧し気な二階建てアパートだったから。ここで独り住まいしている彼に、可愛い妻子を見せるのは酷なのでは……。

だが、妻も息子も無邪気そのもので、紹介されるのを待っている。

鯛夢さんは、彼の部屋のチャイムを鳴らした。……返事が無い。ドアをノックしても反応が返らず、ドアノブをガチャガチャやって、施錠されていることを確認した。

「管理人を呼んでこよう」と、鯛夢さんは妻に言った。息子が父親を真似てドアノブを弄りはじめたのを「やめなさい」と妻はたしなめると、自分でも施錠を確かめた。

「……しっかり鍵が掛かってる。この子が騒がしくするから、私たちも下に行くわ」

そこで三人でいったん部屋の前から立ち去ろうとしたところ、閉じたドアの内側でガチャンと鍵が開く音がした。

鯛夢さんがドアノブを回すと、さっきはどんなに力を籠めてもビクともしなかったものが、あっさりと軽く動いて、ドアが開いた。

玄関から正面に見える引き戸が開いており、奥の四畳間で仰向けに倒れている男の姿が目に飛び込んできた。腐敗が始まって変色した顔に静かな微笑を浮かべて、死んでいた。

第五九話　悪霊の置き土産

広島県出身のタレント、とめぞうさんは一九六九年生まれで現在五〇歳。長年、コメディアンや役者、ＭＣとして元気に活動してきたが、二〇一八年の三月、突然、花粉症のような鼻水と鼻詰まり、倦怠感などの体調不良に悩まされはじめた。

市販の薬は効かず、医者に診てもらっても原因不明で匙を投げられて困《こう》じ果てていたところ、さらに、夜中に眠ったまま大暴れするようになった。

彼自身には覚えがないのだ。しかし朝になると乱暴狼藉《ろうぜき》の跡が残っていた。

妻によれば、何の前触れもなくヌッと立ち上がって、寝室の椅子やゴミ箱を蹴り倒したり、奇声をあげて飛び跳ねたりしたのだという。週に三、四回もそんなことがあるので、妻は別の部屋で寝るようになってしまった。

こういう状態が一年も続き、とめぞうさんは次第に衰弱してきた。そんな折、異変が始まったのと同じ三月に、出演しているラジオ番組の相方から浄霊を勧められた。相方は霊やお祓いといったオカルトチックなことを好む性質ではなかったので意外に思ったが――。

「霊視や浄霊をする知り合いが急に連絡してきて『あんたの友達で太っとって眼鏡を掛けとる、人を笑わすことを得意としとる人はおらん？　きっと困っとるはず。力になれる思う』て言いよるんだけど、心当たりはとめぞうさんしかおらん！」

特徴を正確に言い当てられたと聞いて、すぐに引き合わせてもらうことにした。

次の休日に相方に案内されて訪ねると、ごく普通の民家で「休日のお父さん風」の五〇歳前後の男性が待っていた。非常に控えめな態度で、「普段は会社に勤めとって、こがいなこたぁボランティアじゃけぇ、御礼は受けとらん」と言うと、さっそく施術を始めた。

どんな方法かというと、とめぞうさんを椅子に座らせて、首の付け根から肩甲骨《けんこうこつ》の辺りを両手でゆっくりと撫でるだけ……。劇的な仕草は一切せず、道具も使わない。しかし撫でられるうちに、一〇〇キロ近いとめぞうさんの身体がなぜか後ろに倒れていくではないか。スーッと後ろに上体が傾く度に、男性に押し戻された。これを二時間も繰り返した。

最後に、「邪悪な霊が憑いてたけぇ、出ていくときに悪戯するかもしれん」と警告されたが、夜、眠るまでは何事もなかった。

しかし朝起きたら、左足の脛に、まったく覚えがない拳《こぶし》大の火膨《ひぶく》れが出来ていた。

不思議なことに痛みはなかったが、病院で診てもらうと皮膚移植が必要なほどの重度の低温火傷《やけど》で、完治するまで三ヶ月以上を要した。

これが悪霊の悪戯かと思い、あの男性に電話で報告したところ、こう言われた。

「悪霊は置き土産《みやげ》をするものなんじゃよ」

第六〇話　厄祓い

タレントのとめぞうさんの父は、アルコール中毒で家族に暴力を振るう人だった。

とめぞうさんも子どもの頃から散々殴られ、暴れる父の姿を嫌というほど見てきた。幼い頃はそんな父が怖かったが、長じるに従って恐れが軽蔑に変わり、父を突き放すようになった。独立してからは関わりを断って、父が癌で入院したと聞かされても無視していた。

父は胆管癌《たんかんがん》で半年間、闘病生活を送った。その間ずっと「とめぞうに会いたい」と母に訴えていたそうだ。とめぞうさんは母からお見舞いに来てほしいと乞われても説得に応じず、危篤の知らせを受けたときも敢えて仕事に行った。

父は、まだ意識があるときに、とめぞうさんへの伝言を母に託していた。

「わしは普通にゃあ死なん！　何か形を残す！」

通夜の席でそれを聞かされたとめぞうさんは、父の自分に対する思いの強さを知り、臨終に立ち会わなかったことを悔やんだ。

それというのも、父が息を引き取った日は、彼の満四〇歳の誕生日だったのだ。

つまり彼が数えで四一歳の前厄を迎える、ちょうどその日に父は死んだわけである。(※)

こんどからは誕生日が巡ってくる度に、父のことを一抹の後悔と共に思い出さないわけにはいかない……。

そう思っていたところ、それから妙にツキが回ってきて良い仕事が回ってくるようになった。本厄の年も無病息災、商売繁盛で乗り切った。

父の死から好運が続いているので、とめぞうさんはこう思った。

――親父のヤツ、わしの厄を抱えて、彼の世へ旅立ってくれたんじゃのぉ。

※厄年には災いに遭いやすいとされている。現代に通じる厄年の法則が完成したのは江戸期の元禄時代の頃だという。数え年で、女は一九歳と三三歳、男は二五歳と四二歳が本厄とし、本厄の前の年は前厄で厄の前兆が現れ、次の年は後厄で厄の余波がまだ残るとして、三年続けて神社で厄除け祈願や厄祓いをしてもらう人もいる。

第六一話　来迎

とめぞうさんの祖父が末期癌で入院すると、高齢だったこともあり、もう死の床に就いたものとして家族の誰もが覚悟を固めた。

最後の二ヶ月は母が個室に泊まり込んで世話をした。とめぞうさんも頻繁に訪ねた。

祖父の身体は救いようがなく傷み切っていたが、頭の方はしっかりしていたので、見舞えば必ず言葉を交わした。次第に元気を失っていく様を見るのは辛かったけれど、祖父は子や孫に囲まれていつも満足そうだった。

そんなある日、祖父が珍しく変なことを言いだした。

「今、初めて話すが、誰かがわしの方を遠いぃとこからずうっと見よる。その人が、だんだん近づいてきたようなんじゃ」

……ついにボケてきてしまったか。とめぞうさんは悲しかった。

「遠いぃって、どこから？　寝とるじいちゃんを誰かが覗き見しとるってのかい？」

「誰かが、この建物のどこかから、壁を透かしてこっちを見つめとるんじゃ」

傍にいた母が黙ってこっちを見て首を振った。それで、とめぞうさんは祖父を問い詰めるのをやめた。鎮痛薬のせいで幻覚や幻聴が惹き起こされているのだろうと考えた。

それからも祖父の奇妙な言動は続いた。

「とうとう、この個室の中を覗き込むようになったよ。誰なんじゃろ？」

その頃には、もう臨終間際だとわかっていた。

母が祖父に聞こえない所でとめぞうさんに言った。

「昨夜、じいちゃんが誰かと話をしはじめたんじゃ。だあれもおらん方を向いて熱心に話しかけとった。今夜も同じことが起きると怖いけぇ、とめぞうも一緒に泊まっとくれ」

そこで、とめぞうさんも祖父の病室に泊まることにして、やがて夜更けとなった。

祖父はぐっすりと眠っていた。母ととめぞうさんはまんじりともせず、スタンドライトを一灯だけ点けて、それぞれに時間を潰していた。そろそろ眠った方がいいだろうと思いはじめたそのとき、祖父が急に話しはじめた。

「サクジくん、また来てくれたのか……」

嬉しそうな声で、祖父は見えない友人と会話を続けた。顔を見ると、目をしっかりと開いて視線を斜め上に向け、枕もとに佇んでいる誰かを見つめているかのようだった。

一〇分ほど「会話」すると祖父は再び眠り、二度と目を覚ますことはなかった。

葬儀の席で親戚の年寄りにその話をしたら、「サクジくん」というのは何年も前に死んだ祖父の親友だと教えられた。

第六二話　使者

高齢の伯母が亡くなったとき、看取《みと》った伯父から、とめぞうさんはこんな話を聞いた。

死期が近づくと、伯母は人工呼吸器を気管支に挿管されて寝たきりになった。その頃には意識も絶えず朦朧《もうろう》としていて、問いかけても反応がないことが多かった。

もういつ逝ってもおかしくないという ある日の深夜、突然、二〇歳を幾つも出ていなさそうな若い看護師さんが病室に来た。いっぺんも見たことのない顔だが、非常に美人だ。

「呼びました？　ナースコールがありましたが」

「いいえ」伯父はナースコールのボタンに触ってもいなかった。

看護師は、眠っている伯母の顔をちょっと見て、立ち去った。

翌日の夜も、まったく同じことが起きた。

三日目の夜更けに、伯母が亡くなった。

伯父は、看護師長に、一昨日《おととい》の夜と昨夜二日続けて若い看護師が来たことを話した。

「この病棟に、そんな看護師はおりません」

——看護師長にそう言われたんじゃ。じゃけぇ、あの若い看護師さんは幽霊じゃったに違いない。別嬪《べっぴん》さんじゃったんだけどなぁ——

伯父は笑いながらそう言っていたのだが、とめぞうさんには、その看護師の存在が薄気味悪く思われた。

まるで黄泉《よみ》の国から伯母を迎えに来た使者のようではないか。

しかし、伯母の一回忌の席で、伯父は「前言を撤回する！」として、「例の若い看護師さんは幽霊じゃなかった！」と言いだした。

「今朝、福山市の駅前で再会してね。わしを憶えとって、声を掛けてくれたんじゃ。私服じゃったけど、なにしろ美人じゃけぇ、すぐにわかったよ」

伯父は「看護師長にかつがれたのかなぁ」と苦笑いしていた。

看護師長がシフトを間違って記憶していたのかもしれない、と、とめぞうさんは考えた。

それから二日後、とめぞうさんの伯父は、心不全で急死した。

第六三話　白昼の彼岸駅

昨年刊行した拙著『実話奇譚　怨色』に「彼岸無線」という題で書いた、某私鉄沿線の駅の続報が佑真《ゆうま》さんから届いた。彼は駅員で、仕事仲間から職場の怪異を聴き集めている。

問題の駅は、神奈川県川崎市の西端に位置する行政区にある。開設されたのは七〇年代のことで、土地買収の時点では更地だったが、実はそこは広大な霊園の跡地だった。元墓地の真ん中に建てられたその駅では、ほぼ毎晩、午前三時になると送られてくるはずのない司令無線が流れるというのが前回の話だ。

今度は白昼に起きた出来事であるとのこと。

この私鉄では、沿線を幾つかの管区に分け、駅を管内を統括する主管駅と主管駅の管轄下にある中間駅に分類している。主管駅では、中間駅に配布物を配ったり売上記録や各種書類を回収したりする係を決め、ラッシュアワーに引っ掛からない日中に巡回を行う。佑真さんが配置されている管区では、この役目を主管駅の副駅長が負っていた。

ある日、副駅長はいつものように巡回で墓地跡の駅を訪れた。

改札口の横にある駅事務所の扉を開けると、部屋の奥に私服の中年女性がいた。この駅の主任と机を挟んで椅子に座り、瞬《まばた》きもせずに主任の方を見つめている。

「お疲れさまです」と、主任が席を立って副駅長の方へ来ると、主任を追い掛けて女性の視線もこちらを向いたので、副駅長は女性に向かって軽く会釈をした。

――保険外交員が駅事務所を訪問するのはよくあることだ。保険外交員には女性が多い。そう考えて頭を下げたのだが、女性は反応しなかった。ひたすら主任を見ているだけだ。

「あの女性は？」と副駅長は小声で主任に訊ねた。「体調不良で休まれてるの？」貧血で倒れた女性が駅事務所で休むことも珍しくない……と、咄嗟に思ったのだが、主任は怪訝そうに後ろを振り返り、「誰もいませんよ？」と言った。

「え？　だってそこに……」

副駅長が指差した先には空の椅子があるばかり。女性の姿は消えていた。

「副駅長によると、この女の人が生きた人間にしか見えず、ずっと主任を目で追いかけていたのが怖かったそうです。また、巡回に訪れたら、事務所いっぱいに無数の顔が浮かんでいたので、驚いて扉を閉めて、すぐまた恐る恐る開けたら、顔たちが消えていたこともあると話されてました。これも真っ昼間のことですよ」と、佑真さんは仰った。

第六四話　回送列車の乗車率

最近の電車の運転台にはデジタル表示の計器類が設置されていて、各車両の室温や乗車率が随時わかる仕組みになっている。

乗車率と聞いて私が連想したのは通勤ラッシュだ。「乗車率二〇〇％」などと言う。改札を通った人数から割り出しているのかと思っていたが、駅員の佑真さんによると、そうではなく、客車の床に加圧センサーが仕込まれていて「一％＝一名」で乗客の人数を概算しているのだという。だから運転士と車掌《しゃしょう》には、どの車両が混んでいるかが常に手に取るようにわかっている。混雑が酷い車両があれば、車掌から次の停車駅の駅員に連絡して、他の空いている車両に乗客を誘導してもらう。

——駅員の佑真さんが、気心の知れた車掌と飲みに行った。初めは仕事の話をしていたのだが、ふいに車掌が不思議なことを言いだした。

「誰も乗っていない深夜の回送列車で、乗車率一％の表示が出るときがあるんです」

「……あなたか運転士の体重に加圧センサーが反応してるんじゃないの？」

「いいえ、運転台には加圧センサーがありませんから」

じゃあ故障だろうと佑真さんは思った。センサーが壊れた車両があるに違いない、と。

「たとえば七両編成だとすると、二、三両にそれぞれ一％と表示されるんです。しかもそれが移動します。一両目にいたと思ったら、少し経つと六両目に移ったり……」

「いるとか移るとか、待ってくださいよ！　誰も乗ってないんでしょう？　故障ですよ」

「違いますね。だって加圧センサーのある車両すべてで、同じ現象が起きてるんですよ？」

「全車両の加圧センサーに不具合が……というのは、ありえないか……」

「はい。それに……深夜の回送列車も、他の電車の通過待ちで駅に停車するときがあるじゃないですか？　A駅に停まると一％が表示されていたある車両が○％になり、次にB駅に停まると別の一％の車両が○％に……ということが起きるんですよ」

「その駅で降りた、ということ？」

「そうとしか思えません！　深夜の回送では車内灯を消すから車内は真っ暗です。僕が運転台にいる車両に一％の表示が出ると、それはもう恐ろしいったらありません」

「大丈夫かい？　きみが辞めたら寂しくなるよ」

「なに、このぐらいで辞めやしません。目の前で人が列車に引き摺られてバラバラになるのを見るよりマシでしょう」

第六五話　水辺の駅

敷地が東京都稲城《いなぎ》市と神奈川県川崎市にまたがっている某遊園地には、昔から幽霊が出没するという噂がある。いつ始まったのかわからないが、私が子どもの頃から「あそこのお化け屋敷には本物の幽霊がいる」と囁《ささや》かれていた。

開園したのは一九六四年だが、遊園地が出来る前は多摩丘陵《たまきゅうりょう》南部の谷に至る湿地帯だったようだ。広い敷地の中核を成すエリアに「ヤ（谷間）」に「クチ（入口）」で「谷の入口」という意味になる地名が付いていること、周囲に湧水が豊富であることからそのことが推察できるのだ。

私鉄駅員の佑真さんによると、この遊園地の利用客が乗り降りする某駅には、笑う女のお化けが棲みついている。

件の駅には、駅舎の二階に駅員用の更衣室と寝室がある。駅員が出勤して、制服に着替えるために階段で二階へ上がろうとすると、ふいに誰かに見下ろされているように感じる。

そこで、何の気もなしに階段の上を見ると、そこに若い女が立っていてニタニタ笑いながらこっちを見ている。

本来は綺麗な顔立ちなのかもしれないが、生理的な嫌悪をそそる箍《たが》が外れたような笑顔なので思わず一瞬目を背ける……と、再び見上げたときには誰もいない。

また、同じ女が、寝室から出てきた駅員の後をつけて歩いてくることもある。

それを見た別の駅員が「あっ！」と叫ぶと、女は叫んだ者の方をゆっくりと振り向いて、ニタニタニタニタッと嫌な笑顔を見せると同時に、スーッと薄くなって煙のように消える。

——多くの駅員が頻繁にこういった体験をするので、「墓地跡の駅に次いで怖い駅」として沿線の駅員たちに知られるようになってきた。

幽霊なのか妖怪なのか正体はまるでわからないが、いつも同じ姿で現れて、その笑顔は誰が見ても気持ちが悪いものなのだそうだ。

そして、女が何を着ていたのか、後になると思い出せないのだという。

佑真さんの先輩駅員は、この駅の裏を流れる川が怪異を招いていると言ってるとか……。

川の名前は五反田川《ごたんだがわ》。かつては多摩丘陵の森の湧き清水を水源とする自然河川だったが、現在はほぼ全流域でコンクリート護岸化されている。

土地の水神が人間共に祟っているのかもしれない。そんな捉え方も出来そうな話だ。

第六六話　ローテンブルクの宿①

ドイツに《ロマンティック街道》と呼ばれる約四〇〇キロの街道ルートが設定されたのは一九五〇年のことだという。日本で広く知られるようになったのは八〇年代に入ってからだろう。海外旅行や留学をする人が急速に増えた時期だ。

当時二〇歳の賢さんがミュンヘン大学に公費留学したのもその頃だった。他の留学生たちと会話した折に、日本ではロマンティック街道というものを盛んに宣伝していると話したところ、それは面白そうだ、行ってみようじゃないかと盛り上がり、夏休みを利用して訪ねることになった。

ロマンティック街道の主眼は、中世の雰囲気を残す都市や美しい古城と宗教建築を見物して過去に想いを馳せる、ロマン主義的な興趣にある。

旅の仲間はフランス人、中国系アメリカ人、イギリス人、そして賢さんの計四人。皆で話し合って、街道の人気観光スポット《ローテンブルク・オプ・デア・タウバー》という城郭で囲まれた街を中心に見所を巡ることにした。

件の街に到着してすぐに宿を確保した。一二世紀の建物を利用した小さなホテルで、ローテンブルクの中心部であるマルクト広場に位置していた。この広場を囲むように歴史のあるカトリック教会やさまざまな博物館が幾つも建っている。賢さんたちのホテルも教会の傍にあり、宿としても二〇〇年ほど営業しているという話だった。堅牢な石造りの暖《だん》炉《ろ》があるロビーも、上品な初老のフロント係兼バトラー（執事）も、遥かな昔から持ってきたような雰囲気を纏《まと》っていた。

荷物を預けて、マルクト広場の南端にある《中世犯罪博物館》を訪ねた。ここでは魔女狩りや逮捕者への尋問で使われた拷問器具などを展示している。有名な《鉄の処女》や鉄の棘を植えた椅子など、痛そうな道具の数々を眺めて、すっかり空気が重くなった。

何かげんなりしてしまい、また、すでに黄昏どきだったこともあって、その日は簡単な夕食を済ませると、早々にホテルに戻り、それぞれの部屋へ引っ込んだ。

——深夜、部屋の外の廊下で足音がして、賢さんは目を覚ました。

柱時計を見ると、時刻は午前二時。こんな夜中に誰が歩きまわっているのだろう……。

耳を澄ますと、どうやらペタペタと裸足で歩いているようす。汗ばんだ足の裏が床板に粘りつく感じが伝わってきた。

気になるので廊下へ出てみたが誰もいなかった。階段まで覗いてみても、静まり返って人の気配がない。仕方なく自分の部屋に戻ったら、涼気に頬を撫でられた。

窓辺でカーテンが夜風に翻《ひるがえ》っていた。寝る前に閉めたはずの窓が、大きく開いていたのだ。

第六七話　ローテンブルクの宿②

賢さんが裸足の足音を聞いて、廊下に出てから部屋に戻るまで二〇秒も経っていなかった。ホテルの館内は深閑としていた。ほんの僅かな間に部屋に侵入して窓を開けることが可能だとは思えなかった。それとも壁を攀《よ》じ登ってきたとでも言うのか？

賢さんの部屋は三階で、ましてや各階とも天井が高く、床が分厚い造りである——観音開きの窓から下を眺めると、石畳の地面は遠く、広場には人影も無かった。

窓とドアを閉めて賢さんはベッドに戻った。その途端、再び足音が聞こえてきた。

怖くて、眠るどころではなくなった。昼に見た博物館の拷問器具を思い出し、拷問死した人々の怨念がこの宿にも祟っているような気がしてきた。

到底じっとしておられず、さりとて仲間を叩き起こすのも忍びなく、ロビーに行けばまだ誰か起きているかもしれないと思いついた。

仄暗《ほのぐら》い廊下を歩き、階段を下りていくと、一階のロビーの方から明かりが差してきた。

なんとなく人の気配も感じた。行ってみたら、バトラーが暖炉の前の肘掛け椅子に座っている。物思いに耽っている風情で、賢さんに気づかない。

声を掛けようと思って、ギョッとした。

バトラーの後ろに、黒い靄《もや》を集めたような人影が佇んでいたのだった。

賢さんは慌てて部屋に逃げ戻った。そして、まんじりともせず朝を迎えると、仲間にこのことを話した。すると、一人だけ賢さんと同じように裸足の足音を聞いていたことがわかった。

そこで、その日の夕食後、バトラーに前の晩に体験したことを、黒い人影のことまで含めて、すべて打ち明けた。しかしバトラーはまったく怖がる素振りも見せず、

「この宿ではよくあることです。死んだ人々の魂がこの土地に留まっているのでしょう」

と、平然と話した。

お陰でますます恐ろしくなってしまったが、二日目の夜は何も起きなかった。

この宿には三泊する予定だった。三日目、つまり最後の夜には深夜の二時になると、再び裸足の足音が聞こえてきたのだが、今度はバタバタと走りまわっており、非常に喧しい。

廊下に出てみたら、三人の仲間を含む他の宿泊客が、皆、賢さんと同じように部屋から飛び出してきていて、「こんな夜更けに何事だ？」「足音で目が覚めた」などと騒ぎだした。

――他の人にも足音が聞こえたことで幽霊の存在が証明された次第である。

そういうことなら、件のホテルでは相変わらず怪奇現象が起きているに違いない。あれから四〇年近く経つが、中世から現代までの長さとは比ぶべくもないわけだから……。

第六八話　遊郭跡の母子

大阪市西成区《にしなり》と聞くと、飛田新地《とびたしんち》とあいりん地区があることから、売春や貧困といった社会問題を想起する人がいることと思うが、実際には区の中心部である天下茶屋《てんがちゃや》駅の周囲には静かな住宅地が広がっており、ここに賢さんは最近まで一〇年ばかり住んでいた。

一帯にはレトロな建物も多く保存されていて、賢さんは休日のたびに散歩して懐古趣味を満足させていた。今から七、八年前になるが、そのときも自宅がある天下茶屋から出発して気の向くままに歩いた。季節は春先、よく晴れた散歩日和の黄昏どきだった。

そろそろ飛田新地に近いかな……と思ったところで、ふいに、酷く寂れた一画に足を踏み入れた。廃屋が目立つ――そのうちの一軒に賢さんは目を留めた。

角地に建っており、どうやら元は昔の遊郭に多かった「カフェー建築」のようだった。遊郭を廃業後に住宅に改装したような痕跡が見られるが、二階の窓にベニヤ板が打ちつけられており、打ち棄てられた建物に特有の虚無感が漂っている。

周りを歩きながら観察すると、壁の一角に縦一七〇センチ横七〇センチぐらいの穴が穿《うが》たれ、中にコンクリートの階段が設けられていることを発見した。

それを見て好奇心に駆られた賢さんは、長身を屈めて穴に潜って階段を上った。

上り切ると小さな踊り場があり、いっぺんに一人しか通れない狭い外通路がそこから長く続いていた。通路の右側は柵にくっつきそうに建っている隣の建物の壁で視界を遮られている。わずかな隙間から差し込む明かりを頼りに通路の左側を眺めると、部屋が六室ほど並んでいた。ほとんどの部屋のドアや窓が板で塞がれていたが、驚いたことに、奥から二番目の一室だけは誰か住んでいるようで、ドアに耳を近づけると生活音がした。

他人の生活を面白半分に覗き見しては申し訳ないと思い、通路を戻りはじめたとき、どこかから赤ん坊の泣き声とあやすような女の声が聞こえてきた。

生活音がする部屋からではない。しかし非常に近いところに赤ん坊と女がいる。

赤ん坊はますます盛んに泣き、母親であろう女も一所懸命にあやしている。

気にしながら通路を引き返していくと、声がどんどん近づいてきて、ついに、踊り場の傍のベニヤ板を打ち付けられたドアの中から聞こえることに気がついた。

信じ難い思いでベニヤ板に耳をつけてみたら、もう間違いなかった！　ドアのすぐ後ろで赤ん坊が泣いている。

「よちよち、ええ子や、ええ子や……」と言う女の声が耳もとで聞こえた。

――あかんあかんあかん！　すぐ出なきゃ！

賢さんは肝《きも》を潰して外へ飛び出し、もう二度とその建物の方へは足を向けなかった。

第六九話　白い腕

東京都町田《まちだ》市の某大学は、創設者が小田急電鉄に土地と駅舎を提供してキャンパスの入り口に駅を造らせたという経緯があり、敷地のど真ん中が線路で分断されている。そこで橋を架けて敷地の左右を繋げてあるのだが、橋から電車に飛び込む学生がたまにいて、彼らの幽霊が大学のそこかしこに出没するという噂がある。

約二〇年前の九月下旬のこと、この大学の演劇学科の二年生だった愛さんは、来月の文化祭公演を控えて準備に追われていた。

愛さんは舞台照明を学んでおり、文化祭公演でも照明係を担当していて、その日も同じ照明係の後輩と二人で、学校内の稽古場兼舞台の袖にある小部屋に籠って作業をしていた。

ここ数日は深夜まで作業しており、終電で帰ったり、大学の近くに住んでいる友だちの家に泊めてもらったり……。今日も夜遅くなってしまったな、と、思っていると、

「鍵、借りまぁす」

と、若い女の声がした。

見ると、小部屋のドアを少し開けて、その隙間から色白でしなやかな腕がにゅーっと出てきた。そして、ドアの横のフックに掛けてあった鍵を掴むと、素早く引っ込んだ。

それは高価な機材がしまってあるロッカーの鍵だったが、演劇学科の仲間が必要があって取りにくることが度々あったので別に気にしなかった。鍵は帰る前に必ず元のフックに戻しておく規則だから、しばらくしたら誰か返しに来るだろうと思っていた。

ところが誰も現れないまま帰る段になってしまった。帰る前に舞台前に集合して点呼を取るのだが、そのとき全員に確認してみても、鍵を持っている者が誰もいなかったばかりか、そもそも鍵を借りたと言う者が一人もいなかった。

そして件のロッカーは施錠されていた。これでは機材が使えない。大目玉を食らうことを覚悟して、翌日、舞台顧問の教授に相談した。

教授は愛さんたちを叱りながらも、準備のために、とりあえずマスターキーでロッカーを開けた。すると、昨夜の鍵が中にあった。

ありえないことが起きたのだ。

そのときになって、愛さんは、昨夜の腕が肩の辺まで肌を露出させていたことに思い至った。準備に当たる演劇学科の学生は「黒子に徹する」という意味で、全員黒い長袖のジャージを着ているのに、あの腕は……。

愛さんが、このことを一緒に「腕」を目撃した後輩に伝えたところ、後輩は「私、ときどき視ちゃうんですよね」と呟いた。

第七〇話　久下田村の化け猫

「僕は昭和四五年生まれで、今年（二〇二〇年）五〇歳になります。

二〇年近く前に、そのときまだ存命だった父方の祖母から聞いた話です。

幕末の頃、祖母の曾《そう》祖母の家は下野国《しもつけのくに》の久下田《くげた》村という所で百姓をやっていたんですが、その村では、正午を過ぎると村中の猫が姿を消してしまったそうなんです。

猫は鼠《ねずみ》を喰いますから、村のどの家でも猫を飼っていたものですが、それが綺麗さっぱり午後になるといなくなる。

それで、祖母の曾祖母は、好奇心旺盛な若い娘だった時分に、飼っていた猫を尾けてみることにしました。

猫は尾けられていることに気づかないようすで、トコトコ歩いていきました。

やがて村境の森の奥に行くと、ある一本の大木の前で立ち止まりました。

隠れてようすを窺っていたら、その木の周りに、後から後からたくさんの猫が現れて、着いたそばから次々に後ろの二本肢で立ったかと思うと、前肢を振り振り、木を取り囲んで踊りだすじゃありませんか……。

怖くなったので、彼女は村に駆け戻って森で見たことを家族に伝えました。

すると、父が『それは化け猫だから退治しなければいけない』と言って、戻ってきた猫を捕まえて袋に詰め、袋の口を縄でしっかりと縛ってしまいました。

そして父を先頭に家族全員でぞろぞろ歩いて近くの川へ行き、猫を入れた袋が遠くまで流されていくのをしっかり見届けてきたのですが、家に戻ると、家の中から『ニャー』と猫の鳴き声が……。

見れば、たった今、川に捨ててきた飼い猫が上がり框《かまち》に座っていました。

しかも一本の毛も濡れていなかったので、化け猫には人の力では敵わないと皆で悟って、好きにさせておくことになりました。

その猫は、それから二〇年近く家にいましたが、あるとき、ふっと姿が見えなくなってしまったということです。

お伽話《とぎばなし》みたいな話ですけど、僕の祖母は、『ばあちゃんもかあちゃんも正直な人だったから本当にあったことだよ』と最期まで信じておりました」

下野国の久下田村は栃木県真岡《もおか》市の南部にあたり、現在の町名は「境《さかい》」といって、今でも町の真ん中を大谷川の支流が流れている。

第七一話　命のやり取り

拓也《たくや》さんは三〇歳のときに母を亡くした。それは二〇一五年の五月のことだったが、その死に方はとても不思議なものだった。彼はそこに、母方の伯母の存在が関わっている気がして仕方がないのだという。

発端は二〇一二年から始まった伯母の十二指腸潰瘍《じゅうにしちょうかいよう》だった。伯母は間違った民間療法で病気をこじらせて潰瘍が進行し、肝機能障害を併発してしまった。遂には黄疸《おうだん》が出て、担当医が匙を投げ、誰もが伯母の命は助からないものだとあきらめた。

しかし母は、自分の姉である伯母を何とか救いたいと思い、成田山《なりたさん》のお不動さまに向けて心の中で手を合わせた。母は成田山（成田山新勝寺《しんしょうじ》）の不動明王に深く帰依《きえ》していたのだ。

その夜、母の夢に、黒衣の医師と、同じく黒いナース服を着た看護師が現れた。看護師が「これに、あなたのお名前を記入してください」と、書類を留めたクリップボードを母に渡して署名を求めた。母は深く考えずに、その書類にサインした。

翌日、急に伯母は容態を持ち直して、奇跡的に快復した。

しかし、この頃から母は体調を崩しがちになり、それから二年後の二〇一四年、病院で勧められた検診で腫瘍マーカーに異常値が出た――ということは癌の可能性が高い。

ところが、どんなに検査しても癌の病巣が見つからなかった。白血病や悪性リンパ腫でもない。また、身体のどこにも痛みが生じていなかった。しかし、やがて肺に水が溜まりはじめ、急激に痩せ衰えていった。悪性腫瘍に見られる典型的な悪液質の症状だ。

さらに徹底的に検査された。だが結局、病巣がひとつも見つからないまま衰弱が進行し、眠るように息を引き取った。最初に癌が発生した部位が不明で「原発不明癌」と診断されるケースが稀にあるが、母の場合は転移した病巣すら発見できなかった。

病院から家に母の遺体が運ばれ、これから湯灌《ゆかん》をするというときに、父のスマホに父の友人から電話の着信があった。手が離せなかったため、父がスピーカーをオンにして通話ボタンを押すと、地の底から湧くような低い読経の声と不気味な呻《うめ》き声が流れだした。

父は急いで通話を切って、その友人に電話した。すると電話を掛けていないと言われた。

母の葬儀から約四ヶ月後の九月一〇日、例の伯母がテレビで茨城県の鬼怒川《きぬがわ》が決壊したニュースを見て、自分のうちも流されると言って騒ぎだした。

「流されちゃうから、早く私の身体を縄で柱に結んでちょうだい！」

しかし伯母は千葉県に住んでいて、鬼怒川決壊の影響があるはずがなかった。錯乱した伯母を伯父たちが精神科に入院させると、伯母はみるみる衰弱して一一月に亡くなった。

「母が命を譲って伯母を少しだけ延命させたように思えませんか？」と拓也さんは言う。

第七二話　母の夢告げ

生前、拓也さんの母は自分には霊感があると信じており、家族もそれを疑わなかった。

母は、その霊感は水子に関係があるように考えていた節があった。

両親は最初は岩手県の父の実家に住んでいて、そこで拓也さんの兄にあたる子どもを授かったのだが、自宅で流産してしまい、胎児の遺体を家の畑の隅に埋めたのだ。

後に千葉県に引っ越したときに成田山の墓所を購入した。そのとき父の実家に行って、遺体を回収するために胎児を埋めた場所を掘ったけれども、どうしても遺体が見つからず、仕方なくそこの土を持ってきて、買ったお墓に埋《い》けたそうだ。

それ以来、霊感が発現したということだった。

母はよく夢でお告げを受け、それが家族の役に立つことが少なくなかった。

たとえば、拓也さんが小学生の頃に、怪しげな新興宗教の信者が家を訪れて、たまたま留守番をしていた祖母を言いくるめて入信させてしまったときがあった。

その晩、母は、家の仏壇から黒い手が何本もわらわらと出てくる夢をみた。

「変な宗教をご先祖さまたちが嫌がっているということだ」

そう母が諭すと、祖母は素直にその宗教から脱会した。すると後に、そこは信者を洗脳して高額なお布施を巻きあげるなどして問題になっている宗教団体だったことがわかった。

祖母が数えで八〇歳、満七九歳の誕生日に傘寿《さんじゅ》のお祝いをした。紫色のちゃんちゃんこを着て嬉しそうにしていたが、それから間もなく祖母はポックリと亡くなった。

しばらくして、母はこんな夢を見た。

——目の前に見たこともないほどの巨木があり、その根元に開いている暗い洞《ほら》から、白い死出の着物を纏った祖母が現れた。「一緒に来てくれ」と祖母が言うので、背中に祖母を負ぶって洞に入っていくと、そこは靄《もや》が垂れこめたトンネルで、トンネルの向こうに田園風景が広がっていた。藁葺《わらぶ》き屋根の集落と田畑。農作業をする白い死装束の人々……。一軒の家の前で、祖母は母の背中から下りた。「ここが私の家だ」と、祖母は母の手を引いてその家に入った。母は農村の景色もこの家もすっかり気に入り、死んだらここに来てもいいかと訊ねた。「ここに来られるかはわからんぞ」と祖母は答えた。とりあえずこの村に相応しい衣装を着ようと思い、探すために祖母の箪笥《たんす》を開けようとしたところで目が覚めた——。

この夢を見た後、母が祖母のお墓に行きたがったので、家族全員で墓参りしたら、祖母の卒塔婆《そとば》に掌ほどもある蛾《が》がとまっていた。それを見て「ばあちゃんが私に会いに来た」と母が言った。翔んだ気配がなかったが、立ち去るときに見ると、その蛾はいなくなっていた。

第七三話　嫁の呪い

拓也さんの父方の伯母は、岩手県の盛岡市に嫁いだ。

婚家は丘の麓にある分家で、丘の上に本家があったが、両家は非常に仲が悪かった。

どちらかというと分家の方が本家を激しく疎んじているようなので、その理由を義理の両親に訊ねたところ、本家の者には犯罪者が多く、さもなければ精神を病んで自殺するか重病で早逝するかで、付き合うと縁起が悪くなるからだという答えが返ってきた。

そこで伯母がさらに原因を追求すると、こんな話を聞かされた。

「戦争が終わったばがりの頃、余所の村がら本家さ嫁いだ人が、姑から虐められだ。酷い仕打ちばり散々されで嫁は耐えがねで、近所の踏切さ飛び込んで自殺した。嫁の身体ば電車が轢いで、五体がバラバラになっつまった。姑は、それ見でも毛筋ほども反省せず、『死んでまで迷惑かげるのが、この馬鹿が！』ど罵《ののし》って嫁の千切れだ首ば蹴飛ばした。そのどぎがら本家筋のほどんどの者が頭おがしくなって今さ至る。本家の仲間だど思われだらこっちまで呪われるがら、あの家の者どは親しくできねぁんだよ」

第七四話　長い髪

昨今はどの自治体でも定年退職者向けの人材センターを設けて、清掃や草刈りなどの作業員を募集している。拓也さんの父も、市役所を定年退職後、自治体の人材センターに屋外清掃員として登録した。市の委託を受けて、屋外の掃除を請け負うようになったのだ。

ある日、父が、仕事の後でシャワーを浴びたら、こんなものが手に絡みついたんだと言って、ティッシュの包みを開けて見せた。

優に五〇センチはある長い髪の毛が数本、湿って束になっていた。

「気持ち悪いなぁ。……掃除じゃなくて、女の人と遊んでたんじゃないの？」

半分冗談のつもりだったが、父が黙り込んだので変だと思い、今日はどこを掃除していたのか訊ねた。すると父は「それが、なぜか思い出せないんだ」と答えた。

翌日、父と一緒に近所に買い物に出掛けた。道の途中に寺院の霊園があり、その飛び地のような墓地が、霊園から少し離れた道路沿いに四つばかり墓石を並べていたのだが。

急にそこを指さして父が言った。「思い出した。昨日はここを掃除してたんだ」

市に頼まれたのかと訊くと、「市には頼まれなかった」と父はぼんやり呟いた。

第七五話　母のマスコット人形

人形は空の器なので魂が入りやすいと言う人がいる。そうかもしれない。今回、登場する人形は、現在のサンリオの前身、山梨シルクセンター（ＹＳＣ）が一九六〇年代に作っていたソフトビニール製のマスコット人形で、決して恐ろしげなものではないのだが……。

それは武留《たける》さんの母が独身時代に買った三体の人形で、いつもテレビ台の端に並べて置かれていた。服が色違いになっており、赤い服の子は笑顔、青い服のは泣き顔、黄色い服のは怒った顔をしていて、どの子も肌の色が茶色くて、頭にはナイロン繊維の毛が短いおかっぱ頭になるように植えられていた。

五歳の頃、武留さんは、この人形たちの髪の毛がどれも前より長くなっていることに気がついた。そこで母に「これってこんなに髪が長かったっけ？」と訊ねてみたら、母がサッと青ざめて言うことには、ずっと前にも髪の毛が急に伸びたことがある。そのときハサミでばっさり切ったのだ、と。

そして急いでハサミを持ってくると、人形の髪をジョキジョキ切りはじめ、三体とも、元の短いおかっぱ頭に整えた。

以来、武留さんはこの人形たちが気になって、ときどき観察していた。

ずっと何事もなかったが、中学二年のとき、こんなことが起きた。

テレビ台のそばを通ったときに、うっかり上着のすそに引っ掛けて三体のうち黄色い服のを床に落とした。するとテレビ台の後ろ側に転がっていってしまったので、床に手をついて屈み込み、テレビ台の陰を覗き込んだ。

人形は最初は横倒しになっていた。しかし、拾うために体勢を変えて再び見ると、壁の方を向いて座っているではないか！

ゾッとして彼は思わず立ちあがった。しかし、どうにも信じ難かった。目の錯覚かもしれないと思い、すぐに勇気を出して、もう一度、テレビ台の陰を覗き込んだのだった。

そうしたら、今度は人形と目が合った。

一瞬の内にぐるりと向きを変え、壁に背をつけて、こちら向きに座り直していたのだ。

武留さんは震えあがってこれを両親に報告したが、まったく取り合ってもらえなかった。

結局、それからまた何年も過ぎた後、去年の暮れに母が亡くなったことをきっかけに、父と一緒に神社に持っていって、供養してもらったとのこと。

——工場で大量生産された人形であっても、通りすがりの霊を拾う場合もあるのやも。

第七六話　ミッションスクールの七不思議

仙台市泉区の紫山《むらさきやま》は泉ヶ岳《いずみがたけ》の山裾に拓かれた町で、現在では住環境の整った高級住宅地となっているが、「村崎」という村はずれを意味する古い言葉が地名の由来とされており、かつては人里離れた山深い場所だった。美咲《みさき》さんたち某学園の生徒たちは、この地名について「処刑された人の血で山が紫に染まったから」と信じていたとのことだが、刑場跡は残念ながら同じ泉区内でも仙台の中心部に近い七北田《ななきた》という別の場所にある。

だから某学園がいわくつきの土地にある証拠は無いのだけれど、美咲さんが通っていた当時は、学校の七不思議が存在し、生徒の多くが奇怪な体験をしていたという。

某学園はカトリック系の女子修道院を母体とするミッションスクールで、キャンパスの奥まった場所に「ルルドのマリア像」という等身大のマリア像が建っていた。これが時折、血の涙を流すのだという。

また、中等部の校舎の地下の壁に、亡くなったシスターが埋められているとの噂があり、実際にその壁には常にシスターの形の影が黒いシミとして浮き出ていた。学園に併設された修道院のシスターには高齢者が多く、彼女らが寿命で亡くなるたびに朝礼で黙祷させられる生徒たちには、「壁に浮き出るシスターの影」は強い現実感を帯びて迫ったものだ。

しかし最も恐れられていたのは「はばたきの像」だろう。かつて病死した生徒の両親が亡くなった娘の似姿を作らせて学園に寄贈した白い石像で、少女の手から今しも鳩が飛び立とうとしている見事な彫刻なのだが……ときどき動く。少女の両手ごと鳩が消えていたり、向きが変わっていたりするのは不吉の前兆で、見た生徒は必ず怪我をすると言われていた。

キャンパスの裏山にも嫌な気配が漂っていた。昔は山の中に遊びに行けたのだが、美咲さんが入学したときには、すでにフェンスで遮られていた。以前、そこにある沼で溺死した生徒がいた。だから濡れそぼった少女の霊が今もその山を彷徨っている、という噂があった。

焼却炉でシスターの遺体を焼いているという噂もあった。大人が潜り込めそうな大型の焼却炉が四基あり、生徒は近づいてはいけないとされていた。学園の福祉事業の一環として知的障碍者のおじさんが焼却炉係として雇われており、生徒がゴミを持って行くと受け取って燃やしてくれるのだ。

ある日、美咲さんがゴミを持っていくと、おじさんが席を外していた。そこで、焼却炉の空気入れの小窓からゴミを入れてしまおうと思いついた。

中でゴーゴーと炎が燃え盛り、小窓は橙《だいだい》色に輝いていた。美咲さんがそこに近づいたそのとき、焼却炉の奥から絹を裂くような凄まじい悲鳴が聞こえてきた。

美咲さんは「あれが幻聴でなかったら、私は誰かを見殺しにしたことに……」と言う。

第七七話　黒い人の教室

美咲さんが通っていた高校には、黒い怪人が棲んでいた。

授業中、席に着いて勉強していると、ふいに真後ろに誰かが迫ってきた気配がする。それが、左の肩越しに前に乗り出してきて、横から顔を覗き込む——視界の隅に真っ黒な塊が目に入る。目鼻も口も何もないが、形は人間そのものだ。

振り向くと、消えている。

これが出没する教室が幾つかあって、学年の最初にそういった教室に割り振られると、クラスに動揺が走った。そして誰かが授業中に急に振り返ると、他の生徒たちは「黒い人が来たんだな」と密かに思ったものだった。

次は自分の番かもしれない。クラス全員、覚悟するしかなかった。

第七八話　兄の左手

駿《しゅん》さんの三つ年上の兄が行方不明になったのは、彼が小学五年生のときだった。

五月半ばの黄昏どきに、兄は愛用の自転車で家を出たまま帰ってこなかった。当初、警察は普通の家出だと思ったようで真剣に動かず、両親や近所の人たちが必死で兄を捜した。小学校でも、駿さんの兄を見かけたら先生に報告するようにと全校生徒に呼び掛けられた。同級生の美咲さんをはじめ、数人の生徒が「チャリに乗ってるのを見たよ」と報告してくれたが、失踪した当日か以前に見かけた者ばかりで役に立たなかった。

やがて警察も本気で捜索しだしたが、結局、兄は一〇月の海で見つかった。いなくなってから五ヶ月も経っており、遺体の損傷が激しかった。腐敗が進み、一部は白骨化していた。ただ、なぜか左の前腕の半ばから先は傷んでおらず、生きているかのようだった。その綺麗な左手の手首にお気に入りのミサンガを嵌めていて、手の形とミサンガとで、一目で兄だということが確かめられたのだった。

亡骸《なきがら》を棺桶に入れる際には、左手だけ出して、あとはすっぽり布で覆い隠した。弔問客は皆、兄の美しい左手を見て、奇跡だと囁き合っていた。

第七九話　喫茶店の観音菩薩

北海道の旭川市には大正時代に「カフェー文化」が花開き、その後も酒を扱うカフェーと酒類を置かない純喫茶とが均衡しながら街に根づいてきた。

容子《ようこ》さんが一九八七年から九〇年ぐらいにかけて通っていた喫茶店もその一つで、二〇年ほど前に店を畳んでしまったそうだが、一時はかなり繁盛していたようだ。

流行《はや》っている喫茶店は他にもあったけれど、その店の人気の秘密は非常に神秘的な性質のものだったので、好奇心旺盛な若い女性を中心にファンが多かったという。

最初に訪ねたとき容子さんは高校二年生で、親友に誘われて行ったのだった。

赤いビロード張りのソファを置いたボックス席が五つある店内は、ヨーロッパの骨董家具や陶磁器が随所に置かれ、アンティーク調の趣きで統一されていた。

しかしよく見ると壁に一枚の額装された観音菩薩像の写真が飾ってあり、洋風の店の中でそこだけ違和感があった。写真は成人式の写真によくある大判の四切サイズで、観音菩薩像については、これがどこの何という像を写したものか容子さんは知らなかったのだが、店のママに貰った複写を大切に保管しているというので見せていただいたところ、今回、京都の泉涌寺《せんにゅうじ》にある楊貴妃《ようきひ》観音であることが判明した。

楊貴妃を寵愛した玄宗《げんそう》皇帝が、その死を悼んで在りし日の妃《きさき》の姿を模して作らせたといわれる聖観音像が、一二三〇年に俊芿《しゅんじょう》の弟子・湛海《たんかい》律師によって南宋から日本へ運ばれた。それが泉涌寺の楊貴妃観音で、非常に女性的で美麗な像だ。それを写したモノクロ写真を店の壁に飾っていたそうなのだが、単なる飾りではなく、この写真には特別な力が宿っていた。

これに手をかざして願い事をすると、願いが叶うときはかざした手がビリビリと痺れ、叶わないときは掌に息を吹きかけられたように感じるというのだ。

容子さんと友人もママに勧められて試してみた。すると本当に痺れたり優しい風に掌を撫でられたりしたのでやみつきになり、毎日のように店に顔を出すようになった。

また、ママは客の体調をひと目で見抜き、一種の治療を施すことが出来た。

あるとき容子さんが胃痛に悩んでいたところ、ママに「こっちに来て背中を向けてごらん」と言われた。ママが容子さんの背中に手をかざすと、これを見ていた友人が大声をあげた。

「容子ちゃんの背中から陽炎《かげろう》みたいなのが出てきた！」

背中が熱くなり、「治療」は三分ほどで終わった。その直後から胃の調子が良くなった。

ママは客の悩みごとに耳を傾け、的確にアドバイスすることもあったという。

――観音菩薩は、現世に住んで我々人間の声を聴き、幸運を授ける慈悲の菩薩だ。

私には、件のママが観音菩薩の化身のように思われてならないのだが……。

第八〇話　奇妙な家

容子さんは、八歳から一八歳までの約一〇年間、奇妙な家に住んでいた。

まず、彼女が小学二年生のときに、子宮筋腫で入院していた母が退院の前夜にこんな夢を見た――郊外の住宅地で一軒の廃墟を眺めていると、やってきた顔見知りのラーメン屋の主人から「ここに引っ越したんだね？」と問われて「そうなの」と――答えたところで目が覚めて、起きてからも、廃墟の周囲の景色までつぶさに憶えていたのだという。

そして、父が容子さんを助手席に乗せて病院に母を車で迎えに行ったのだが、母を乗せると、父は自宅の前を素通りして、旭川市の郊外にある住宅地に建つ一軒の家に二人を連れていって、突然、「ここを買おうと思う」と宣言した。

急なことだったので容子さんも驚いたが、母はもっと吃驚《びっくり》していた。

なぜなら、家以外は夢で見た景色とそっくりだったのだ。

父によれば、ここは何らかの宗教活動をしていた人が住んでいた物件で、とても安く売りに出ていたということだった。しかし外観には、どんな宗教色も感じなかった。北海道に多く見られる屋根が深く傾斜した二階家で、煙突と二階に直接行ける外階段がついていた。

ところが屋内には変わった特徴がみられた。

旅館のそれのように大きな下駄箱と広い玄関。一階の奥にある、四方の壁をギラギラした金色に塗った四畳半の和室。その部屋は普通なら仏間にするような位置にあったが、壁を塗り替えるのが面倒なので、結局、物置にした。

さて、この家で暮らしはじめると、奇怪なことが頻発した。

外階段で直接入れる二階の部屋は、父が経営する電気工事会社の事務所になり、午前中と夕方の二時間前後のみ社員が出入りしていたが、昼頃から午後の四時ぐらいまでは無人になった。事務所へは、兄と容子さんのそれぞれの部屋の前を通って行くことも出来た。

ある日、事務所に誰もいないはずの時間帯に、二階の廊下を走るドドドッという足音がした。一階の居間でテレビを観ていた容子さんが見に行くと、二階には誰もいなかった。

また、奥の金色の部屋からは、時折、生活音が聞こえてきた。閉じた板戸の向こうから、新聞を捲る音や年輩の男のしわぶき、衣擦れがするのだった。

ラップ音もよく聞こえ、中学生のときも高校生のときも、それぞれ別の友だちから、階段の踊り場に女の幽霊がいると指摘された。

「こんなこと言っていい？　あそこにいるよね」

容子さんは自分は幽霊が視えなくて幸いだとつくづく思った。視えたら、たぶんこの家は幽霊だらけだから……。

第八一話　家の相

奇妙な家に引っ越して間もない頃、夕方、容子さんの母が仕事から帰ってきたら、見知らぬ男が家をじっと見つめていた。

「うちに何か御用ですか？」と母が訊ねると、男はこう予言して立ち去った。

「この家には男が逃げていく相が出てる。ここに住むのは良くないよ」

それから約一年後、容子さんが小学三年生のときに、父が愛人を作って出ていった。

それと同時に事務所も移転したので、社員たちも家に出入りしなくなった。

そして数年後、兄が札幌の専門学校に進学すると、本当に家から男が消えてしまった。

こうなってみると、両隣の家でそれぞれに女が悲惨な最期を遂げたことも意味ありげに思えてきたのだと容子さんは言う。

右隣の家では、出戻りの娘さんが子どもの目の前でストーカー男に刺し殺された。

左隣の家では、落雷に打たれて奥さんが死んだ。

四、五年前に元の家を見に行ったら、三軒とも空き家になっていたとのことだ。

第八二話　幽霊画の出没

容子さんが高校三年生のとき、母は家を売って、同じ市内のマンションに二人で引っ越すことを決意した。

マンションはすぐに見つかった。しかし家にはなかなか買い手が付かなかった。

そこで、不要なものを置きっぱなしにして引っ越して、売れたら片づけに戻ることにした。

やがて容子さんは就職して家を出たが、まだ家は売れていなかった。買い手が現れたのは二一歳のときだ。母に「家を片づけるから手伝って」と頼まれ、土日を利用して帰郷した。

二人でせっせと作業していると、古いダンボール箱から幽霊画の掛け軸が出てきた。

「たぶん、おばあちゃんの遺品だわ……」

母は昭和二〇年生まれで、両親が早逝したため、祖母に育てられた。母はこの絵に見覚えがなかったが、きっと祖母が遺してくれたものに違いないと推理した。

けれども描かれているのは不気味な醜い女の幽霊で、飾る気にはなれなかったので、マンションに持ち帰ると、再び箱に入れ直して納戸にしまい込んだ。

ところが三年後、母が「あの絵が消えた」と言いだした。お盆休みで帰ったときに一緒に探したけれど、箱はあるのに、確かにあの掛け軸だけが失われていた。

第八三話　ある先輩

ミヤギさんから電話がかかってきたので、容子さんは嫌な予感がした。

――またアレを聞くことになるかもしれない。

しかしミヤギさんは大切な友人だし、急ぎの用で電話してきた可能性もある。

仕方なくスマホの通話ボタンを押した。

「ミヤギです。ごめんね、急に電話して。明日そっちに行くことになったから……ブッ……ブツッ……『だから何度も言わせるなよ！』『わかってるわよ！　うるさいな！』……」

――ああ、やっぱり。また始まっちゃったか。

「混線してますよ！」と容子さんは言い争う男女に対して注意した。

「え？　何？」とミヤギさんが言った。「混線？　こっちは何も聞こえないよ？」

「ミヤギさんと電話で話すと、三回に一回は夫婦喧嘩みたいな声が割り込むんですよ」

「ああ、前に電話したときも言ってたね……『黙ってろ！』『何よ！』……」

結局、続きはメールにしてもらった。ミヤギさんと電話で会話するのは無理だ、と、容子さんは思った。ミヤギさんが自分のスマホではなく、家の固定電話からかけ直しても、同じ男女の口喧嘩が混ざり込んだこともある――だから普通の混線ではなくて、何だか怖い。

ミヤギさんとは二〇年来の仲だ。彼女は高校の軽音部の先輩だった。家同士が近く、一緒に下校するうちに親しくなった。

付き合ううちにミヤギさんには霊感があることを知った。「あそこに女の人がいる」と何も無い空間を指差したり、「今、振り返らない方がいい」と急に言いだしたりするので、「幽霊が視えるの？」と訊いたら、ミヤギさんは大きくうなずいて、「視えるよ」と。

よく霊感の持ち主と一緒にいると、本来は視えない人でも視えることがあると言う。

あれは本当だ。部活が終わって、ミヤギさんと並んでお喋りしながら学校の階段を下りていたら、二階の踊り場に夏服の女生徒が誰かを待つようすで佇んでいた。

でも、そのときは一二月だった。「夏服？」と二人で顔を見合わせて、もう一度、踊り場に視線を戻したら、もう、さっきの女生徒の姿が無かった。足音も立てずに一瞬で消えたのだから、あれは幽霊に違いなかった。そう言えば制服の型が今のと少し違っていた。

――ミヤギさんの父が出家してお坊さんになったのは、娘に霊感があったせいか……。

――それとも、離婚直後に病死した元妻の菩提《ぼだい》を弔《とむら》うためか……。

容子さんは、電話に割り込んでくる男女はミヤギさんの両親ではないかと疑っている。

数年前、ミヤギさんの父は首を吊って自殺した。ミヤギさんは「私が発見したとき遺体が大きく三回、息をした」と言っていた。「混線」が始まったのは、それからだ。

第八四話　青い火の玉

岡山県の東南部に、標高差が二〇〇メートル以上ある見事な棚田の集落がある。一帯は深い森と渓流を擁《よう》した丘陵地帯で、田を守る人々の家が山肌にポツポツと建っている。

その辺りでは、今は止めてしまったが、誠《まこと》さんが子どもの頃には灯篭流《とうろう》しをしていた。

彼は一九七四年生まれだから、八〇年代の末頃までは続けていたということになろうか。

灯篭流しの舟は全長五〇センチほどで、本物の渡し舟そっくりだった。それに灯篭と精霊棚にお供えしていた果物などを乗せて、集落を流れる渓流に放つのだ。

誠さんが一〇歳のときも、お盆の終わりに、近所の人たちと親戚が一五人ほど祖父母の家に集まり、お招きした真言宗のお坊さんを囲んで晩餐を食べた後、舟を持って川辺を訪ねた。

舟はみんなの人数分よりも多かった。まずは川辺に皆で並んで般若心経を唱え、それから灯篭に火を灯した舟を静かに川へ流していった。

灯篭を見送ったらお坊さんと年寄りと子ども衆は家に戻り、女衆は台所でお茶の支度と片づけをし、男衆は川下へ行って舟を回収する――判で捺《お》したように毎年同じだった。

だが、この年だけは違った。

灯篭の明かりが遠くなり、そろそろ家に戻ろうかというときになって、青い火の玉が一つ、川面から空中へ浮かびあがったのだ。そして下流の方へ漂うように飛んでいく。

「あれ、なんなら？」と、皆はざわめいて、畏怖《いふ》の表情で火の玉を見つめたのだが……。

「わからんが、とにかく火がついとるけぇ！　木に燃え移っちゃいかん！」

と、ただ一人、威勢よく叫んだかと思うと、竹箒《たけぼうき》を掴んで駆けだした者がいた。

誰かと思ったら、お調子者で喧嘩っぱやい若い叔父で……足場の悪い川沿いの坂道を獣みたいに駆けていって、みるみるうちに姿が見えなくなった。

祖父が「男衆は舟を拾うてくるついでにあやつも捜さにゃあなるめぇが、女衆と子どもらはいつもどおりにやられぇ」と皆に命じたので、誠さんは家に戻ることになったが、叔父と火の玉がどうなったのか、気になって仕方がなかった。

しかし蒲団に追いやられるまで、叔父も他の男衆も帰ってこなかった。

翌朝、朝食を食べていると、皆より遅れて叔父がやってきた。顔色も良く、いつもと同じように「うめぇ、うめぇ」と言いながら元気にご飯を掻き込みはじめた。

誠さんはさっそく訊ねた。「叔父さん！　昨夜の火の玉は、どうしたんか？」

叔父は「おう。竹箒でバシィッと叩いたら、空気みてぇに手ごてぇがのうて、途端に消えたんじゃ」と爽やかな笑顔で誠さんに答えた。

それを聞いて、年寄り連中は「おおかた正体は狸《たぬき》じゃろう」と、うなずき合った。

第八五話　のびあがり狸

岡山県の誠さんが高校一年生の一〇月頃、夜、蒲団で眠っていたら、急に眩しくなって目が覚めてしまった。見れば、窓の向こうに青白く輝くものがあるようだ。

頭が丸く、尾の先に向かうに従って細くなる《のびあがり》のような形をしている。

小学生の頃に読んでいた水木《みずき》しげるの漫画に登場したそういう名前の妖怪が、ちょうどあんな格好をしていた。

丸くなった先端に大きな目が一つあって、空を飛ぶのだ。

窓の外の青白く光るものも宙を飛んでいる。搗《つ》きたての餅のようにグニョ～ンと曲がったり伸び縮みしたりしながら、窓の外を右から左へ移動していく……。

部屋の窓には磨りガラスが嵌《はま》っているので、およその形と光しかわからない。

誠さんは思い切って窓を開けた。

すると光がたちまち消えて、月明かりに照らされた地面に一匹の狸が四つの肢《あし》でスックと立っていた。

狸と目が合った。たっぷり一呼吸するほどの間、誠さんと狸は黙って見つめ合った。

明るい満月の晩で、狸の背は銀色に艶々として見えた。

真っ黒な、やけに思慮深そうな瞳で穴のあくほどこっちを見つめていると思ったら、パッとお尻を向けて闇の中へ逃げていった。

ガサガサと遠くで藪《やぶ》が鳴る音がした。誠さんは窓を閉めた。

翌朝このことを母に話したが、「何言いよん！」と、少しも取り合ってもらえなかった。

第八六話　仏壇と背中合わせ

昔の民家には《田の字住宅》と言って、漢字の「田」のように四つの部屋が中心の柱を取り囲む構造の家が多いものだ。誠さんが住んでいた家も、元はそんな形をしていたが、大工だった祖父が増改築を幾度もやって、随所に廊下がある迷路じみた家になった。

最も大胆な改造は、外にあった便所を近代的なトイレに変身させるべく、便所の位置まで家を拡げたことだった。この祖父の頑張りによって、用を足す度に外に出る必要はなくなったが、祖父にも限界というものはあり、拡張部分の廊下には電気が引かれていなかったし、トイレは相変わらず汲み取り式なのだった。

誠さんの部屋は、このトイレから最も遠いところにあった。廊下を二回曲がって法事をやるとき以外は使わない一六畳の広間と仏間を迂回すると、そこから先は暗闇ゾーンだ。

むしろ外の方が、月に照らされているから明るいほどだ。漆黒の闇に呑まれた長い廊下を手探りで歩いていくと、途中に角があって、廊下が左へ折れる。

ここからトイレまでは二メートルほどだ。仏間から便所まで真っ直ぐ繋げてしまえばよさそうなものだが、それではご先祖さまに申し訳がないというので、祖父は、カタツムリの殻のような廊下をぐるぐる歩いてトイレに至る仕組みにしたのである。

実はトイレの左横の壁の裏側に仏壇があるということを、家人だけはわかっていた。

——さて、誠さんは、その仏壇と背中合わせにあるトイレへ向かって真っ暗な廊下を進み、ようやく最後の曲がり角を折れた。

その瞬間、自分よりも大きな縦長の楕円《だえん》形の塊が前方にあることが、頭の中に像として映し出された。黒い靄がそういう形に凝縮している、と、感じて慄《おのの》いたところ、避けようのない素早さで、そいつが飛び掛かってきた……と思ったら身体の中に入られてしまった。

ブワッと全身に鳥肌が立つと同時におしっこを漏らしそうになった。

慌ててトイレに駆け込んで事なきを得たけれど、怖くてしょうがない。帰りは目をつぶってダッシュした。お陰で何度も廊下の壁にぶつかって痣とたんこぶをこしらえたが、恐ろしくて痛がるどころではなかった。部屋に戻ると、電気を点けっぱなしにして寝た。

その翌日、峠道で原付バイクを飛ばしていたら転倒して、脚に擦り傷を負った。

怪我が軽くて原付もカウルが少し削れたぐらいで済んだのは不幸中の幸いというもので、この運の良さは、昨夜、黒い靄に入られたことと関わりがあると思った。

そこで誠さんは、原付で転んだことがバレると親に叱られるのでこそこそ帰ると、こっそり仏間へ忍び込んで、仏壇にいるご先祖さまたちに黙って手を合わせたのだった。

第八七話　狐の嫁入り

最近、天気雨を見たら思い出したことがあるから、と、美咲さん（※）が連絡を下さった。

宮城県仙台市の七ヶ浜町《しちがはま》が、まだ津波の被害に遭わず、穏やかな日々を紡いでいた当時のこと、美咲さんは小学校の低学年で、放課後は学童保育に通っていた。学童保育の施設は小学校と敷地つづきで、小学校との境には子どもたちが育てている菜園と駐車場があった。学童保育のプレイルームには大きな掃き出し窓があり、そこから沓脱石《くつぬぎいし》を踏んで表へ出られた。窓のすぐ外は小さな庭で、先生の許可を貰えば、そこで遊ぶことも出来た。

六月初めの、そろそろ梅雨が近づいてきたな、という頃に、仲間一〇人ばかりとプレイルームで遊んでいたら、窓の外が目に入った。

雨が降ってきたようだった。窓辺で立ちあがると、庭の向こうの駐車場に静かな雨が降り注いでいるのが見えた。

しかし何かが変で、胸に引っ掛かったので目を凝らしてよく見てみたところ、雨が降っている範囲がおかしい。車一台分ぐらいの四角いスペースにだけ、降っている。

幼いながらも「ほいなはずがねぇ！」と思うから、窓ガラスに張りついて、じっくり観察したのだが、間違いなく、天から雨がそこにだけ降ってきていた。

耳を澄ますと、サーッという雨音も聞こえた。だが、空には一点の雲も無かった。

いつの間にか、子どもたちも学童の先生たちも、全員、美咲さんと同じように窓に取りついて外を見ていた。

「見に行っていいが？」と美咲さんはワクワクしながら先生に訊ねた。

そのとき、雨が降っている地面でバシャンと水が跳ねた。誰もいないのに。

それを見て、先生が「行ぐな！　絶対行っちゃ駄目だっちゃ！」と言った。

そこで、窓から眺めるだけで我慢することになった。

雨はまだ、そこだけに降りつづいて、バシャンも何回かあった。

人が足踏みしているように、バシャンバシャンと水が蹴散らかされて跳ね飛ぶのだ。

「あいなのは狐の嫁入りど言って、あそごさは悪いものがいるのだがら、近づいぢゃならねえんだっちゃ」

先生は青い顔をして、不思議な雨を本気で怖がっているようだった。

――美咲さんは眺めるのに飽きて友だちと遊びはじめ、気づいたら止んでいたとのこと。

※第七六、七七、七八話に登場した美咲さんと同一人物です

第八八話　赤い振袖の女の子

学童保育に通ってた小学校低学年の頃に、美咲さんがハマっていたのは探検ごっこと虫採りだった。

学童保育の施設の裏に山があり、仲間と山の藪の中に分け入ってよく探検をした。

先生方には「その山さ入ってはいげね！」と禁じられていたが、そのため尚のこと愉しかったものだ。

山の斜面を一〇〇メートルばかり登っていくと、明るく開けた広場があって、何度かそこで陣取り遊びをした。東軍と西軍に分かれて水風船を投げ合って戦うのが面白かった。

広場の隅に、山桜の大木が一本あり、五月の中頃になると見事な花を咲かせた。しかし、その木の根もとはいつも嫌な臭いをさせていて、子どもたちは、近くに住む人たちが死んだ犬猫をここに埋めているからだと信じていた。

だから気味悪がってこの桜に近づかない子もいたが、美咲さんは平気だった。

普通、桜は樹液の粘度が高すぎるのでカブトムシやクワガタが寄りつかないものだけれど、この木に限っては夏になると甲虫類が集まった。また、花の季節には蝶々やカナブン、カマキリがやってきた。

東北の春は遅い。桜が終わりかけて、地面に花びらが散り敷かれていたから、六月の初めぐらいかもしれない。ある日、美咲さんは独りで、この山の広場に遊びに来た。そして、何か面白い虫がいるかしら……と、桜の木に近づいていこうとして、ちょっと驚いた。

高い梢《こずえ》の方の横枝に、真っ赤な振袖の着物に身を包んだ、自分と同じ年頃の少女が腰かけて、素足をブラブラさせながら、こちらを見ていたのだ。

目が合ったら、ニコッと笑って手招きした。

可愛い顔立ちの子だ。真っ黒な髪の毛が異常に長くて、毛先が振袖の袂《たもと》に届いているし、こんな山の中でお正月か七五三みたいな格好をしているのは如何《いか》にもおかしなことだった。

しかし、そのとき美咲さんの胸に去来したのは「あいな高えどごろまで登れるどは、凄い子だ！」という、あたかも格闘家が自分より強い相手に出逢ったときに感じるような尊敬と憧れの念であった。

そこで喜び勇んで桜の下に駆けつけたのだが、幹に手をついて見上げたら女の子の姿が無かった。木から離れて梢を見ても、葉桜が風にそよいでいるばかりだった。

それから一年ぐらい経って、夜、テレビの心霊番組を観ていたら、後ろの方からケタケタと不気味な笑い声が聞こえてきた。母がふざけて怖がらせようとしているのだろうと思ったが、振り向くと、あの赤い振袖の子が笑いながらスーッと薄れて消えていくところだった。

第八九話　くちなわ——鱗の女——

岩手県の宮古市は、盛岡に代表される北上《きたかみ》盆地とは山々で隔てられており、そのため独立した文化圏を形成し、言葉のアクセントも異なる。たとえば礼を述べるとき「おおきに」と言うなど京都風の訛《なま》りが随所に見られる独特の方言を持ち、宮古という地名についても、朝廷から都を名乗ることを許されたが「都」を同訓異字の「宮古」に置き換えたのだという言い伝えがあって、遥か昔に関西地方と交流が深かったことを偲ばせるのだ。

この宮古出身で四〇歳になる龍矢《たつや》さんから、土地と信仰が絡む長い体験談を伺った。四つのパートと解説に分けて綴っていこうと思う。

龍矢さんは三七歳のとき、盛岡市にあったご自身が経営する会社で倒れた。公休日にトイレで意識を失い、月曜の朝に出社してきた社員に発見されたときは仮死状態に陥っていた。

それが五月のことで、七月を過ぎて意識が回復した。

重度の脳梗塞《のうこうそく》だった。後から聞いたところでは、昏睡している間に何度も危篤の宣告を受けていたそうで、もしも命が助かっても二度と意識を取り戻すことはないと言われていた。

——目を覚ますと、明るい陽射しが辺りを満たしていた。白い天井が眩しい。口から気管支まで太い管が通され、頭も枕に固定されており、身動きが取れない。そもそも四肢が鈍く痺れて、動けるような気がしない。管が喉に挿入されているから声も出せない。

誰か来てくれ……と願っていたら、すぐ傍で若い男の声がした。

「くちなわが来るでぇ！」

故郷の訛りで威勢よく叫び、「くちなわが来るでぇ！　くちなわが来るでぇ！」と繰り返した。身動きが取れないながらも必死で声のする方を見やると、薄汚れた白い着物姿の肥《ふと》った女が戸口を擦り抜けて現れ、のたーりのたりと緩慢な歩様でこちらへ歩いてきた。

全身ずっぷり濡れそぼち、長い髪を白い頬に貼りつかせている。盲目のようで、両手で空を掻きながら、「たつやー、たつやー」と彼の名前を呼びだした。

「なして知らないふりするんや、たつやー」

龍矢さんは震えあがった。近づいてくる女の脚が視界に入ると、脛《すね》に鱗《うろこ》が生えていたのだ。

化け物だ！　……しかし容赦なく女は彼に迫ってきて、ついには顔の真上に女の顔が！

ポタポタと水滴が顔に垂れてくる。苔が腐ったような臭いが鼻を衝いた。

目を閉じて耐えていると、やがて女は消えた。女がいなくなると同時に水も乾いた。

――これが頻繁に繰り返されるようになった。看護師や家族がいなくなると、必ず来る。

二ヶ月後、恐怖の余り、人工呼吸器を自分で引き抜いて女から逃れようとしたところ、声帯から大出血して自分の血に溺れかけた。それから「くちなわ」は来なくなった。

第九〇話　くちなわ――祠の神――

龍矢さんはそれまで建設会社を経営していた。長く入院している間に、会社が倒産してしまい、資産の大半を失った。

――思えば悪いことが続いていた。実家の養殖業が津波で駄目になり、三五歳のとき心僧帽弁閉鎖不全《そうぼうべん》になって手術を受け、三ヶ月ほど入院すると、その間に妻が部下と不倫関係になって退院後に離婚した。そして二人の子の親権を裁判で妻と争ったが負けて、子どもたちと引き離された。そして今回の脳梗塞だ。

リハビリして身体は治ったが、人工呼吸器を無理に自分で引き抜いた傷の後遺症で、まだ若いのに、百歳の老人のようなしわがれ声になってしまった。

病院でリハビリに励んでいた三九歳のとき、以前の取引先の女性社長が見舞いに来て、うちで働かないかと誘ってくれた。喜んで承諾すると、ただし退院したらすぐにある霊能者に鑑定してもらうことと入社に条件を付けられた。

その霊能者は、若い頃に亡くした社長の夫を降霊してみせたことがあり、かねてより社長が信頼を寄せる人物ということだった。社長は、龍矢さんが短い間に立て続けに災難に遭っている原因は霊障かもしれないと疑っていた。

「塩釜《しおがま》にいるので紹介する。本物の霊能力の持ち主で、誠実な人だから任せなさい」と言う。

そこで退院後すぐに、社長と共に塩釜の霊能者を訪ねた。出入り口に鳥居がある神仏習合の寺院のような瓦屋根の邸宅で年輩の女性に迎えられた。この人が霊能者で、彼を見るなりこう言った。

「若ぐして三河《みかわ》で死んだ女がいる。宮古の親族が供養してぐれねぁがら寂しがっとる」

龍矢さんは驚いた。三河と言えば現在の愛知県。若い頃、仲間に誘われて愛知県の建設会社に就職して三年ぐらい働いていたことがあったのだ。そのことを霊能者に話すと、

「その女の霊さ、導がれで行っだんだ。女は、あんだと似通った運命にあった人だがら。あんだは少年の時分にも死にがげだごどがありますね？」

確かに、一一歳のときクローン病を発病し、何度か重態に陥った。

「それも祟りが原因だ。実家のすぐ傍さ、祠があっぺ？」

なぜわかるのだろう……。たしかに昔から実家の傍に小さな祠があるが……。

「誰も手入れしていねぇだべ？　水神さまを祀って拝んでだ祠だ。粗末にしたがら、神さまが何度もいのぢの危険さ味あわせでは『ごごさいる』ど訴えがげでる。んだがらあんだは死にそうになるのに、危ういどごろで死なずに助がる。神さまに守護されでっからだ。んだがらと言って、今はまだ機ぃ熟していねぁがら、その祠さ近づがねぁでください」

第九一話　くちなわ――蛇のスミコ――

龍矢さんは実家に帰ると、母に、病院で遭った「くちなわ」のこと、塩釜の霊能者から聞いたことを大まかに打ち明けた。

「……その濡れだぁ女の人は、蛇《へび》に祟り殺されたスミコさんだぁがぁね」

母が言うには、敷地を共有する隣の本家――龍矢さんの家は分家だ――の娘でスミコさんという人がいたのだという。

スミコという名前には龍矢さんにも心あたりがあった。三歳ぐらいの頃に、体つきがふっくらした若い女の人に遊んでもらったことがあって、その人がスミコさんと呼ばれていた。

母はそれを聞くと顔をこわばらせた。

「そねえなおっかねこと言うもんでねぇがぁ！　お前が二つか三つの頃、スミコさんは嫁ぎさぎで奇病さ罹って死んだんだぁが！　おっかねぇがぁ！」

「奇病つうのんは、おれどおんなじクローン病だぁべ。おれど似だ運命にあったんだぁが」

「ちがぁでば、おめぇのは普通の病気だぁが。まず、スミコさんは小せえ頃に、おぞましぃ鱗《コゲラ》みてぇなぁのんが生えできて腰が立だなぐなったんだぁ。這いつくばって動ぐのんが蛇に似でだぁがら、本家では蛇の祟りだど言って、そごの祠にお神酒と卵供えるようになった。すったけぇば、いっぺえあった鱗が消えたんだぁずが」

「んだども、スミコさんは愛知県で死んだんだぁべ？」

「おらまぁ！　知ってだぁのが？」と母が驚いたので、霊能者が言っていたことを伝えた。

「……そうだがなぁ。スミコさんは愛知県の人と結婚すて、あっちで暮らし始めだんだぁずぅども、間もなくまた鱗が脚に出てきて、下半身から麻痺して……今度は助がらねがった。お墓が愛知にあんだぁずぅども、ほがさ嫁に行ったたぁがら、こっちの人は誰も墓参りしてねえだぁずぅもんや。寂しがってんだぁべね……」

「祠が気になんなぁ。祀られたのは蛇神なんだぁべぇが？」

「蛇と言えば、スミコさんの叔母さんも亡ぐなる前に『蛇が来る』と言ってだんだっつぅ。スミコさんが亡ぐなった何年か後のごどだから、おめぇも憶えでだべ？」

それについては龍矢さんもおぼろげに記憶していた。

あれはスミコの叔母だったのか。仰向けになって漏斗《ろうと》を口に突っ込み、口もとから顎まで焼け爛れた異様で無惨な遺体となって、納屋で発見された本家のおばさんがいたのだが。

検死の結果、家にあった農薬の石灰硫黄《せっかいいおう》合剤を自ら飲んだことによる化学熱傷で死んだとわかった。歯も舌も溶けてしまっていたという。

第九二話　くちなわ――神の怒り――

少なくとも明治時代から、龍矢さんの一族は宮古市の沿岸部に日当たりのいい広大な土地を有していた。本家と分家は敷地を共有し、堤防などを造る海洋土木業と入り江で行うアワビやウニの養殖業に共同で当たって、昭和時代は戦前、戦後とも豊かに暮らしてきた。

しかし遥かに遠い時代には山奥の僻地《へきち》で貧しく暮らしていたのであり、先祖は、ここに先住していた人々を襲って土地を騙し盗ったのだと代々言い伝えられてきた。

――古来からこの土地に住んでいた人々が祀っていた神さまが、あの祠にいるのでは？

山の民だった先祖たちは、海辺の神を知らず、祀ることをしなかった。

「土地の神さまを粗末にするからこの子に祟りが出る」とイタコに祖母が叱られたことがあった。龍矢さんが一一歳でクローン病になったとき、母と祖母に連れられて隣町のイタコに霊視してもらったら、そう言われたのだった。

その頃、確かに本家は祠を放置していたので、彼の祖母はしばらくの間、祠に供え物をしていたが、孫のクローン病が寛解《かんかい》すると、お供えを怠けるようになり、やがてすっかり止めてしまった。祠の神さまを心から敬うようになったわけではなかったのだ。

本当に祠の神が祟っているのだろうか――龍矢さんの一族には四〇代で病死した者が多

く、自殺や失踪も珍しくなかったそうである。

　龍矢さんの父は愛人と出奔して行方が知れない。分家筋の男は今や彼一人だけ。本家の方も、五〇代後半の従兄を残して全員が鬼籍に入っている。従兄の両親は癌で早死にし、妻は先妻も後添えも病死した。沿岸部の事業が二〇一一年の地震津波で壊滅してから、彼は家に引き籠もっている。龍矢さんは盛岡の会社で働いており、分家で暮らしているのは脳梗塞で弱った祖母と母の二人きりだから、一族が海の産業で潤うのはもう難しいと思われる。

　龍矢さんは祠が気になって仕方がないという。確かに、神の怒りを鎮めることが出来るものなら……と彼が思う気持ちは理解できる。機が熟すまで近づいてはいけないと塩釜で言われたのでやれずにいるが、出来れば祠を新しく建て直したいと思っているそうだ。

　彼が建設業界で働くようになったきっかけは、高卒後、宮大工に弟子入りしたことだった。なぜ宮大工に憧れたのか？　祠を造れという神の意志だったような気がすると彼は言う。気になることは他にもあり、父が見つかったら、自分の名の由来を確かめたいのだとか。彼は辰年ではない。母は違う名前にしたがったが、父が強引に龍矢と名付けたのだ。もしかすると、龍神の加護を願ってのことだったのではないか……。

　スミコさんのお墓もどうなっているか気がかりなので、近々訪ねてみるということだ。

閑話休題　宮古の龍

西日本では古くから蛇のことを「くちなわ」と呼んできた。日本では蛇と龍が水神として習合していること、宮古に龍神信仰があること、そしてこの土地の関西との結びつきを合わせて考えると、龍矢さんの話に出てきた祠は龍神を祀ったものだった可能性がある。

宮古市は岩手県の三陸海岸に面しており、リアス式海岸地形の特殊性によって沿岸は津波被害を蒙《こうむ》りやすく、古くから幾度も大規模な津波に襲われている。平安時代の貞観《じょうがん》地震、明治時代の三陸地震……。昭和三陸地震による津波の後には、重茂《おもえ》姉吉《あねよし》地区に大津浪記念碑が建てられた。そして未だ記憶に新しい平成の東日本大震災でも津波の被害を受けた。

海と闘い、そして漁と交易という海の恵みによって生かされる人々が住まう土地。だからこそ、龍神信仰が生まれたのではないか。

宮古では龍神は「八大龍王」として祀られており、民は航海の安全と豊漁を祈って水神・海神として信仰してきた。

宮古市に伝わる黒森神楽《くろもりかぐら》（国指定重要無形文化財）の『浦島《うらしま》』では、若い漁師が美しい娘を釣りあげ、彼女に誘われて海底を訪ねる。娘は龍神の姫で、漁師は龍宮に婿入りする。

龍宮は、八大龍王の一つ「娑伽羅《しゃがら》」が統《す》べる海底の世界を指す。深い海の底は冥界《めいかい》にも通じ、本来、現身の人は行けば最後、恵比寿（水死体）となってしか現世に戻れない。

つまり、お伽噺《とぎばなし》の『浦島太郎』は龍宮から生還した人間の奇跡を描いているのだ。

宮古市鍬ヶ崎《くわがさき》地区の龍神崎には、八大龍王の石碑がある。市内には他にも、八大龍神供養塔（崎山地区）、龍神塔（田老青野滝《たろうあおのたき》地区と磯鶏《そけい》地区）があり、龍神への崇敬が深かったことがわかる。それだけ海への畏怖が強かったということなのではないか……。

また、宮古市には、龍神にまつわる説話も伝承されている。佐々木喜善の『聴耳草紙』と『宮古市史 民俗編（下巻）』を参照して短くまとめたものを紹介したい。

——昔、宮古浜で、ある娘が三月三日に潮干狩りに行って、波に攫《さら》われた。

一年後、孕《はら》み女になって海辺の岩の上に現れた。龍神さまの嫁になったと言われるようになり、娘が産まれると海女《うんなん》と名付けられ、龍神さまの子として大切に育てられた。海女は生まれたときから髪が八寸もあり、年頃になるといよいよ伸びて七尋三尺にもなった。

このことから後に、髪長さまと呼ばれて崇められた——

この話を知ってから、スミコさんは蛇に祟られたのではなく、龍神に愛でられて龍の眷属となり、現世を離れた後は龍宮で暮らしているような……そんな気がしている。

第九三話　犬女

この話は、ここでは仮に澪《みお》さんとする千葉県在住の二三歳の女性がツイッターに投稿した怪異体験談だ。澪さんは私に幾つかの体験談をご応募されて、その際に、これも紹介してくれた。ご本人の許可を得てリライトしているので、決して盗用ではないことを述べておく。

ある日の黄昏どき、澪さんが家に独りで留守番をしていると、玄関の引き戸が外から激しく叩かれた。

何だろう……と、観ていたテレビを消して、廊下へ出たところ、西陽が差す玄関の外にいる灰色をした獣の姿が、引き戸の磨りガラスを透かして見えた。

カリカリカリ、カリカリカリカリ

獣は、前肢の爪で引き戸の戸袋を引っ掻きはじめた。仕草は犬そのものだが、頭の形がおかしい。長い黒髪を左右に垂らした、人間の女の頭部のように思われた。

信じられない思いで上がり框から見ていると、そいつが口をきいた。

「わんわん、くぅん、くぅん、開けてぇ」

若い女の声だった。「くぅん、くぅん」と犬の鳴き真似をしながら、カリカリと戸袋に爪を立てている。

やがて、戸を開けてもらえないことに苛立ったのか、それは引き戸に当身をした。

破られては大変、と、澪さんは三和土に飛び降りて引き戸を押さえた。磨りガラス越しに間近に獣の顔が見え、その造作が人の女であることがはっきりわかって、恐ろしさに膝が震えた。身体は大型犬のようなのだが……それとも人間の女が犬のように四つん這いになっているだけなのか……。

「開けてぇ！　ねえ、開けてよぉ！」

犬のような女は顔を上げ、今や明らかに澪さんに向かって訴えていた。

「くぅん、くぅん、開けてぇ！　開けてってばぁ！」

「開けるか！　馬鹿！」

――勇気を振り絞って怒鳴ったら、女のような犬はようやく退散した。


その数日後、澪さんが家の近所を歩いていたところ、大きな犬が路地から飛び出して襲い掛かってきた。咄嗟にうずくまって頭を両腕で守る態勢を取ったら――噛みつかれることも覚悟していたのだが――思いがけず澪さんの腕をペロペロと舐めはじめた。

そこで恐る恐る顔を上げると、異様に長い舌を垂らした女と目が合った。

第九四話　守護霊さま

澪さんが高校二年生の頃、霊感があると自称するSNS上の友人Aを中心に「心霊体験ごっこ」なるものがネット仲間の間で流行った。スマホのグループチャットで不思議な体験談を打ち明けると、Aが「悪霊の仕業だ」「それは生霊だ」などと分析してくれる。これが面白くて、皆、虚実交えて相談をしていた。

愉しそうだったので、澪さんも参加してみることにした。真夜中にグループチャットの画面に『今、炬燵《こたつ》の中で何かに足を引っ張られた！』と投稿して、反応を待った。

三〇分ぐらいして、Aがリプライを書き込んできた。

『大丈夫？　気にしたらダメだよ。炬燵の中を覗いちゃいけないよ！』

これは愉快だった。なぜならまるっきり作り話だったのだから……。

そのときは家の二階の寝室にいて、炬燵にあたってさえいなかった。

三〇分ぐらいAをからかって、最後は炬燵の中の何かが消えたことにしよう。そう思っていたのだが、スマホにAから電話の着信が届いた。

出れば、電話でも嘘を吐きつづけることになる。別に悪気はなかったのだが、ちょっと面倒なことになったと思って、澪さんはAの着信を無視した。

一旦は着信が止んでホッとした。しかし二度目に掛かってきたら、勝手に通話が始まった。

「もしもし、大丈夫？　今、守護霊さまを向かわせたから窓か玄関の鍵を開けておいて！」

「……あのね、さっき私が投稿したことだけど、実は……」

「急いで！　早く鍵を開けて！　澪ちゃん！」

澪さんはギョッとした。「どうして私の名前を知ってるの？」

ネット限定の仲だから、お互いにハンドルネームしか知らないはずなのに。

そのとき、玄関の引き戸がガシャガシャと大きな音を立てた。

「ほら、守護霊さまが着いたから鍵を開けて！」

怖くなって電話を切ろうとしたところ、スマホの液晶画面から通話を切断するボタンが消えていた。おまけに通話時間のメーターが0分0・00秒のまま動いてないことにも気がついた。

「開けないと命が危ないよ！　炬燵にいる化け物に殺されちゃうよ！」

澪さんは必死で、本来なら通話の切断ボタンがあったはずのスマホの画面を連打した。

すると、「いいの？」とAは冷静な声で呟いてブツッと通話を切った。

やっと終わった、と、思ったら、すぐ横の窓から見知らぬ女が覗き込んでいた。

ここは二階。女は異常な背丈だ。冷たい眼差しで睨まれて、澪さんは気を失った。

第九五話　私の死に顔

苦手なご近所さんと顔を合わせるのは気ぶっせいなものだ。澪さんは、近所のイダさんというおばさんが苦手だ。中学生のときに家族に内緒で東京へ遊びに行ったのが、なぜかイダさん経由で親にバレたり、犬の散歩中に野良猫を触っていたら、「猫が好きなの？」とスマホにメッセージを送ってきたりして、何かと絡んでくる上に、常にこちらを見張っていることが明らかで、気味が悪いからだ。

澪さんは短い間、千葉の実家を離れて東京に働きに出ていたことがある。そのときはイダさんの監視の目から逃れられてホッとした。

しかし程なく実家に帰ってきてしまった。すると、家に荷物を下ろしたその日のうちにイダさんがスマホにこんなメッセージを送ってきた。

「祈りが通じた！」

どんな祈りよ？　と、前にも増してイダさんを疎《うと》ましく思った。

それからは二日に一度ぐらいの割でイダさんに出くわしてしまう。警戒してイダ家の前を通らないようにしているのに、どこへ行っても遭遇する。その度にベタベタくっついてきて、なんだかんだと話しかけてくる。

どうしても我慢がならなくなってきて、ある日とうとう、「あまり話しかけないでくれます？」と露骨に冷たい態度で言ってやった。

イダさんは青い顔をして逃げていった。

しばらくして、その報復なのだろうと思うが、最近、澪さんが風邪をこじらせて家で寝込んでいたら、新型コロナウィルス感染症で死んだという噂をイダさんに流された。

風邪が治って久しぶりに散歩に出て、途中でコンビニに入ったら、たまたま買い物に来ていた顔見知りが澪さんを見るなり悲鳴をあげたのだ。

幽霊だと思われたのだった。逃げようとするのを捕まえて話を聞いたところ、イダさんが噂を流していることが判明した。イダさんは町でいちばん大きな病院で看護師をやっているから、噂を聞いた近所の人たちは皆、信じてしまったようだ。

「でも、イダさんは澪ちゃんの死に顔の写真を持ってたよ。コロナで死んだ遺体は袋に入れられたまま火葬されて誰も最期の顔を拝めない、だから遺族に見せるために病院で写真を撮ってあげてるんだと説明されて……死に顔を見せられたから……信じちゃった」

「私の死に顔？」

「うん。明らかに死んでたね。あれを見た人は皆、澪ちゃんが死んだと思ってるはずだ」

第九六話　旅立つ前に

武史《たけし》さんが高校二年生のとき、とびきり可愛らしい女の子が入学してきた。たちまち大勢の男子が色めき立って、一年生のクラスまで彼女を見に行く者が続出した。

仮に名前をミクとする。武史さんもミクのファンだったから、自分が所属している写真部と部室が隣り合っているアニメーション同好会にミクが入部したとわかったときには幸運を噛みしめた。さっそく隣の部室に押しかけて、ミクと会話を試みた。

話してみたら、美貌を鼻にかけるようすもなく、とても控えめで大人しい人だった。ミクは小鹿のような華奢《きゃしゃ》な美少女で、髪は鴉の濡れ羽色、肌は抜けるような色白。常にブラウスのボタンをいちばん上まで留めていて、涼やかな清潔感を漂わせていた。

おかしなもので、間もなく武史さんは、ミクではなく、同じアニメーション部一年生でミクの幼馴染《おさななじみ》だというA子と彼氏彼女の仲になってしまったのだが、そのためミクとの距離も縮まり、三人で話す機会が増えた。

やがて武史さんは高校を卒業して大学へ進学した。

大学一年生の夏休みに入る直前に、高校時代の写真部の部室でA子やミクを交えて数人の仲間でお喋りに興じている光景を夢で見ると、その翌日に、A子から、つい先ほどミクが亡くなったとの知らせを受けた。

死因は急性骨髄《こつずい》性白血病で、発病からたった三週間で逝ってしまったとのことだった。

悲しみながら床に就くと、夢に再びミクが登場した。

この夢では、武史さんの部屋にミクが来ていた。現実にはそういうことは一度もなく、

「先輩のおうちに遊びに来てみたかったんですよ！」

と、夢の中でミクも言っていた。柔らかな陽射しが降りそそぐ春の窓辺にミクは腰かけていて、若さと健康に輝いていた。そして「もうすぐ一八歳の誕生日なの」と言った。

「……あれ？　ミクちゃんは今日亡くなったって聞いたんだけど？」

「私は死んでなんかないよ」とミクは笑って、「先輩の中では生きつづけるから寂しがらないで。たまには思い出してね」と言った。

翌朝、武史さんはA子に二つの夢の話をした。すると、A子も同じような夢を見ていたことがわかった。A子の部屋にミクが来て、似たような会話をしていたというのだ……。

それから二年ほど後に、年末に高校の写真部の同窓会を開いたところ、ミクと親しかった数人が武史さんやA子と同じ夢を見ていたことが明らかになった。

旅立つ前に挨拶に来てくれたのだと皆が言い、その晩はミクを偲んで語り合った。

第九七話　秋津の本屋

およそ二〇年前の夏のこと。千葉県在住で奄美大島《あまみおおしま》出身の充朗《みつお》さんは当時まだ独身で、同じく独り者揃いだった東京圏にいる同郷の仲間と、ときどき飲み会を開いていた。

そのときも、西東京市のひばりヶ丘駅近くに住む友人の家で夜通し飲んで、そのまま泊まらせてもらった帰り道だった。

休日で、まだ日が高かったので、松戸《まつど》市にある独身寮に真っ直ぐ帰ってしまうのはもったいない気がして、ひばりヶ丘駅から西武池袋線に乗るときに、往路で経由した池袋駅の方へ行く電車ではなく、反対の所沢方面行の電車に乗り込み、秋津《あきつ》駅で途中下車した。

秋津駅のそばにJRの新秋津という駅があり、そこから新松戸までは武蔵野《むさしの》線で一本だ。途中下車に秋津駅を選んだのは、ただそれだけの理由で、まったく知らない町だった。

奄美人《あまみんちゅ》である充朗さんは、たまにこうして東京の知らない町を散策することを好んだ。

五分ほど歩くと、変わった本屋を見つけた。純和風の平家造りの店というだけでも珍しいが、隣の化粧品店の三倍はあろうかという大きな建物である。おまけに出入り口が自動ドアではなくガラスの嵌った引き戸になっているのだから、今どきこんな本屋は他にないだろう。

特に読書好きというわけではなかったが、好奇心に駆られて中へ入ってみた。

出入り口の右横に銭湯にあるような番台があり、そこから小太りで年輩のおばさんが「いらっしゃいませ」と笑顔で挨拶してきた。おばさんに軽く会釈して店内へ……。

建物は古いが中は広々として、どんな本でも置いていそうだ。たまに読んでいるミリタリー雑誌の新刊を見つけた。立ち読みしはじめて少しすると、周囲がザワザワしはじめた。

そこで、雑誌を置いて辺りを見回すと、来たときより明らかに客が増えている。別の場所に移動しようと思ったが、通路で肩と肩が触れ合うぐらい混雑が激しくなりだしたので、もう帰ることにして出入り口へ向かった。

「まだ、おられないのですか?」と番台のおばさんが訊ねてきた。

「すみません。今日は買いたい本がなかったので」と応えて店の外へ出た。

歩きだしたら急に辺りが暗くなったように感じた。時刻を確かめると、秋津駅で降りてから三時間も経っていた。おまけに、その秋津駅の前に、なぜか戻っていた。

あまりにも不思議だったので道を引き返してみたが、隣の化粧品店はちゃんとあるのに、さっきの本屋はどこにも無かった。代わりに小さな商店が三つ四つ並んでいた。

——そう言えば、と、充朗さんは思い出した。

中にいるときは少しも気にならなかったのだが、あの本屋の客たちには顔がなかった。

閑話休題　いっぱい憑いてる

第九七話の充朗さんは、拙著『少年奇譚』の「古井戸」をはじめ、これまでにいくつか体験談をご提供いただいている。『実話奇譚　怨色』では「兵士霊」という話に「宏さん」という仮名で登場してもらった。

彼は幼い頃から度々幽霊を見てきたせいか、自ずと仏教や宗教哲学に興味を持つようになり、インド哲学者で仏教学者の中村元《なかむらはじめ》の著作を読んでいたことが縁で、中村元の弟子にあたる原始仏教の某研究者と親交を持った。

充朗さんは、去年『少年奇譚』が発売されると、すぐに一冊買って、件の某研究者に贈ってくださったそうだ。

それからしばらくして某研究者から充朗さんに連絡があり、本の感想と共に、こんなことを伝えてきたのだという。

「この川奈さんという著者の方には、おもしろいものがいっぱい憑いてますね。川奈さんと波長が合う人には、それらが良い影響を与えるのではないかと思います」

……非常に気がかりなことをおっしゃるではないか。

私には何が取り憑いているのだろう？　おもしろいもの？

それにまた、その憑いているもの共は、私と波長が合わない人には、逆に、悪影響を及ぼすということになるのだろうか、と、いろいろ気になってしまう。

そんなことを充朗さんと電話で話していたところ、突然、通話が途切れた。

かけ直したら、充朗さんが「先日、川奈さんにメールを送ったときにも変なことが起きました」と言った。

「最近よくサンスクリット語の般若心経をBGMにしているんですが、秋津の本屋に関わる画像をメールで送ったときもそれを聴きながらメールに画像を添付して……で、画像に添える文章を書き終えて、後は送信するだけになったら、いきなりステレオの電源が落ちたんです。そこで電源を入れると、こんどは般若心経を読む声がグニャーンと歪んで間延びした感じになって……メールの送信ボタンを押した途端にピタッと元に戻りました。さっき電話が切れた原因も思い当たらないし、やっぱり川奈さんには何か憑いていて、そのせいで僕が連絡しようとすると邪魔が入るんじゃないでしょうか？」

第九八話　三途の川の渡し舟

都内の医療療養型病院で二〇年余り看護師をしている嘉男《よしお》さんは、今から四年前に、ある入院患者から聞いた話が忘れられないのだという。

一一月のことだった。看護師の仕事には日勤と夜勤があるが、そのときは日勤帯で午前中の検温のために担当する各患者のベッドを巡回していた。

この病院には長く入院している患者が多い。検温のような緊張感を伴わない作業の際には、患者から話しかけられれば快く会話に応じることにしていた。だからその患者に声を掛けられたときも、いつもの調子で「どうしました？」と気さくに応えた。

「病気のことじゃないんだよ。いつ話そうかと悩んでたんだが……毎晩、この部屋に舟が来るんだよ。そこから（と個室の出入り口を指差して）スーッと入ってくると、俺のベッドに横付けするんだ。小さな日本の舟で艫《とも》に笠を被った船頭さんが立っていて、舟の中程には先客が二人座ってる。でも、あと一人は乗れそうなんだ」

この患者は六〇代の男性で、前に話したとき会社役員だと言っていた。心筋梗塞後の慢性期で入院生活が長く、幾度となく言葉を交わしており、頭脳明晰で生真面目な性質だと思っていた。……彼にしては奇妙なことを言う。

嘉男さんは「夢でも見たんじゃないですか？」と訊ねた。

「そうかなぁ。まあ、病院に舟が来るなんて、あり得ないもんな」

二人で笑い合って、その日はもう、この患者から話しかけられることはなかった。

しかし、翌日になったら「やっぱり昨夜も来たんだ」と不安そうに打ち明けてきた。

彼は、それから数日後の未明に、心室細動を起こして突然死した。

亡くなられてみると、にわかに舟の話が気になりはじめた。死者が乗る舟と言ったら三《さん》途《ず》の川の渡し舟だ。いったいどんな舟なのか確かめたくなり、嘉男さんは「三途の川の舟」を手掛かりにネットで検索してみた。

すると、三途の川の渡し舟は三人乗りだと書いているブログやネット掲示板の投稿文がいくつもヒットした。

――あの患者さんは先客が二人乗っていて、あと一人乗れそうに見えたと話していた。

それは間もなく亡くなる彼を迎えに来ていた三途の川の舟なのではないか？

死の瞬間を舟は毎晩待ちつづけ、とうとう彼が乗り込んで定員を満たしたので、静かに病院から漕ぎ出して、三途の川を渡って行ったのでは……。

そう思ったとき、嘉男さんの頭の中に、一艘の小舟が夜明け前の暗い個室から廊下に滑りだし、闇の奥へゆっくりと去ってゆく幻が映し出された。

閑話休題　渡し舟の定員

看護師の嘉男さんから「三途の川の渡し舟」という体験談を聴いた。その中に、嘉男さんがインターネットで件の舟の定員を調べたところ、「三人」とする投稿やブログ記事を幾つも見つけたという下りがあった。

実際に検索してみると彼の言った通りに複数が検出できたが、興味深いことに、情報源を明かさない占い師のコラム一件を除き、情報の出どころが全員、看護師だった。

話の典型的なパターンは、「うちの病院の先輩（看護師）が三途の川の渡し舟は三人乗りだと言っていて、不思議なことに、患者さんが一人亡くなると、同じ病棟で立て続けにあと二人亡くなる」というもの。

嘉男さんの話は患者が舟の夢または幻を見るところから始まる点が異色だが、彼も看護師なので、近年、看護師の間に定着しつつあるジンクスだと考えてもいいかもしれない。

三途の川の渡し舟の定員について学術的な権威づけが出来そうな出典は、私がかなり真剣に探しても見つけられなかったので、存在しない可能性がある。

そもそも、三途の川は当初は歩いたり泳いだりして渡るものだったし、その後、橋が架けられ、舟で渡るという概念が出来たのは平安時代末期以降だ。六文銭の渡し賃を払うと決まったのは江戸時代で、これが今では紙の冥銭《めいせん》に変わった。いずれキャッシュレス化しないとも限らない……なんて話はどうでもよく、そういう次第なので、仏画に描かれた三途の川を見ても渡し舟が無いものも多い。舟が描かれているのは比較的新しい絵《画鬼》を自称した河鍋暁斎《かわなべきょうさい》は江戸の天保年間から明治の文明開化までを生き抜いた絵師で、昨今でも非常にファンが多く、かくなる私も暁斎の作品展があればほぼ必ず足を運ぶのだが、この暁斎が一八六九年から三年かけて完成させた画帖『地獄極楽めぐり図』には三途の川の渡し舟が描かれている。

画帖を所蔵している静嘉堂《せいかどう》文庫美術館が二〇一八年に展示するにあたり、同作品について「日本橋大伝馬町《おおでんまちょう》の大店、小間物問屋の勝田五兵衛《かつたごへえ》が一四歳で夭折した娘・田鶴《たつ》を一周忌で供養したいと、暁斎に制作を依頼したもの。娘が極楽往生するまでの旅のようすを優雅で丁寧な筆致で表したユーモアに溢れる作品（原文ママ）」と解説している。

これは枚数の多い続き物になっており、「三途の川の渡し舟」は数ある絵のうちの一枚で、川面に浮かんだ舟に、鬼や妖怪、経帷子《きょうかたびら》の亡者、芸者や鯔背《いなせ》な兄貴、山伏や猿、赤い衣の美女、そして田鶴ちゃんなど、船頭を入れたら二〇人近くも描き込まれている。

たいへん楽し気なようすで、嘉男さんの体験談の静々とした寂しげな渡し舟とは大違い。

——どうせ乗るなら私は暁斎の陽気な舟の方がいいなぁ。

第九九話　佐波川ダムのトンネル①

山口県に大原湖《おおはら》というダム湖があり、周辺にキャンプ場や公園が設けられている。春になると辺りに植樹された桜が一斉に咲き、花見客で賑わうようだ。

しかしながら二〇年ほど前までは、この一帯は心霊スポットとして有名だった。九〇年代初頭に放送されていた『ビデオあなたが主役』というテレビ番組で湖畔のトンネル付近で撮影された「手招きする幽霊」のビデオが紹介されたこと、大原湖の元となる佐波川《さばがわ》ダム建設工事の際に殉職者を五人ばかり出して、その慰霊碑があることが、その原因だろう。

さて、そこへ、康孝《やすたか》さんら大学生三人が肝試しに来たのは約二〇年前の春のことだった。康孝さんとオカダとカネコ、男ばかりでオカダの軽自動車に乗り込んで、深夜零時過ぎに湖畔のダム管理事務所に併設された駐車場に到着した。ここがダムサイト右岸で、この堰堤《えんてい》の上に問題のトンネルの出入り口があり、徒歩で入っていった。

このトンネルは通称「佐波川トンネル」と呼ばれているが元は工事作業用の隧道《ずいどう》だったため、本当は名前がない。工事用と聞けば納得のいく無骨な造りで、壁面などは素掘りにモルタルを吹き付けただけであって、壁一面が大きく波打つようにボコボコしている。天井の照明器具が二四時間点灯しているが、壁の凹凸《おうとつ》が顔のように見えて怖い。

幽霊を見ることなく三人はトンネルを抜けた。その先は湖畔の遊歩道だ。真っ暗な湖面を眺めながら三分ほど歩くと、カネコが道端で立ち小便をしはじめた。

そこで、康孝さんとオカダが悪戯心を起こして、カネコをおいてきぼりにして全力ダッシュで道を引き返して駐車場まで戻るとオカダの車に乗り込んだ。

独りぼっちで凸凹《でこぼこ》のトンネルを通るカネコは、さぞかし心細いに違いない。

泣き顔で追いかけてくることを期待したのだが、待てど暮らせどカネコが来ない。

そこで康孝さんとオカダは車で元の遊歩道までカネコを探しに行った。ところが見つからない。二人は必死に二時間以上も友を探しまわった。

午前三時頃、とうとう捜索を断念して傍の民家を訪ね、事情を話して電話を借りると、警察に通報した。そのまま民家で待機しろと警察に指示されて待っていたら、一時間後、警察から電話があって、警官に指定された場所へ車で急いだ。

ダムから一〇キロも離れた畑の中でカネコは保護されていた。

カネコによると、二人を追い掛けて駐車場に戻ると、オカダの車が発進して自分の方へ向かってきたので手を振って合図したが、気づいてもらえなかった。そのとき、後ろからオイと呼ばれて、振り向くと作業着のおじさんが高い木の枝に摑まってぶらさがっていた。此の世のものではないと思い、走って逃げたら、足が止まらなくなってしまったのだという。

第一〇〇話　佐波川ダムのトンネル②

康孝さんとオカダは、カネコの話を聞いて反省した――おいてけぼりにしてちょっと怖がらせるつもりが、警察を巻き込むような大騒動になってしまった――けれども、それ以上に悔しかった。なぜ自分たちはお化けに遭遇できなかったのか、と。

佐波川ダムとトンネルは、とにかく有名な心霊スポットである。怖い目に遭うために訪ねた結果、警察官に説教された。納得がいかぬ。リベンジしなくちゃ！

というわけで、死ぬまで佐波川ダムには近づかないと言い張るカネコを置いて、大学の同級生の女子二人を新たに加えた計四人で再訪した。

ところがトンネルに着いてみたら、この日に限って、二四時間点灯しているはずの照明が点いていなかった。

トンネルは数百メートルあり、途中が緩くカーブしているため、堤防周辺を照らす電灯の明かりが届かなくなると、真の暗闇に包まれてしまう。

不幸中の幸いで、康孝さんがライターを二つポケットに入れて持っていた。

女の子二人に一つ貸してあげて、あとの一つはオカダと自分とで使うことにした。

ライターの明かりでは足もとを照らすのがようやっとだから、ボコボコと波打つ壁に手を当てて、四人でしがみつき合って先へ進んだ。

やがて、ようやくトンネルの向こう側の出入り口が見えてきて、ホッとしかけたそのとき、突然、ライターの火が二つとも同時に消えた。四人で「ワッ」「キャッ」と一斉に悲鳴をあげる……と、その声の残響が消えないうちに、オカダが叫んだ。

「ああっ！　ヤバーッ！」

これで一気にパニックに陥ってしまった。女の子たちが「もう帰る！」と泣き喚《わめ》きながら訴えた。「ヤダもう！　怖い！」「オカダさんの馬鹿！　大っ嫌い！」

そこで、康孝さんが先頭になり、女の子たちの肩を抱いて手探りでトンネルの中を引き返した。車に乗った後も、彼女たちはまだ泣きながら怒っていた。

「俺も泣きたい」と、すっかり嫌われてしまったオカダがぼやいた。

まずは女の子を家まで送り、二人きりになると康孝さんはオカダに訊ねた。

「何か見たの？」

「うん。実は、出口のところに直径二メートルぐらいもある巨大な目ん玉が浮かんで、こっちをジーッと見てたんだ。それで思わず大声を出した」

それから数ヶ月後、オカダはバイク事故に遭って、瀕死の重傷を負った。康孝さんによると、だからオカダも佐波川ダムには二度と行かないと言っている、とのことだ。

第一〇一話　畑の狸くん

千葉県北東部の平野部は、広大な砂浜《九十九里浜《くじゅうくりはま》》の中央以南を含み、太平洋に臨んでいる。澪さん（※）の生まれ育った町はここにあって、家から車で一〇分少々のところに海水浴場がある。自転車で遊びにいける距離だ。川沿いの道を川下へ走っていくと、道の横に延々と畑が広がる。この辺りでは畑作が盛んで、澪さんの家も畑を持っている。

主に澪さんの祖母が世話をして、胡瓜、豆類、西瓜、芋類、トマトなどを作ってきた。

祖母は孫に甘く、澪さんが勝手に野菜をもいで食べることを看過《かんか》していた。それをいいことに澪さんは、幼稚園や小学校から帰るとまず畑に直行して野菜を採っては食べていた。

小学二年生の七月のある日、いつものように「おやつ」を採りに家の畑に行ったら、知らないおにいさん――小学五、六年生でも澪さんにとってはおにいさんだ――が畑の中にしゃがみこんで胡瓜を食べていた。

澪さんの町には子どもが少ない。小学校の生徒は皆、顔見知りだ。同じ地区の子は集団登下校をしている幼馴染ばかり。しかし、その男の子には見覚えがなかった。

澪さんは可愛がられて育った末っ子で、そんな子によくあることだが、警戒心が薄くて人懐っこかった。「おにいさん、どのうちの子？　何年生？」と話しかけながら胡瓜を一本もいで隣に座った。

「答えないの？　別にいいよ。胡瓜おいしいよね。おばあちゃんが作ってるの」

男の子が返事をしなくてもお構いなしに澪さんはお喋りを愉しんだ。「膝小僧が擦り剝けてるのはね、今日、体育で転んだから。でも算数でハナマル貰ったから、いい日だよ！」

そのうち最初はむっつりしていた男の子が「ウン、ウン」と笑顔で相槌を打ちだした。

そこで、澪さんはこの子のことがすっかり気に入り、それからというもの毎日、畑で落ち合っては西瓜や胡瓜を一緒に食べた。

しばらくはそんなふうにして過ごした。けれども、二週間余り経ったある日、二人で畑の作物を物色して歩きまわっていたところ、近所のおじさんが散歩させていた大きな犬が畑の外から「ワンワン！」と激しく吠えかかってきた。

途端に男の子は異常な瞬発力を発揮して、物も言わずに駆け出した。

シュッと屈んで身体を縮め、まっしぐらに逃げていく。枝豆の葉の陰に潜っていく黒い後ろ姿は、この辺りではお馴染みの動物、狸だった。

それ以来その男の子は姿を現わさなくなったが、畑の野菜は今でもたまにくすねられる。

※第九三、九四、九五話に登場する澪さんと同一人物です

第一〇二話　お題目

「ナンミョウホウレンゲエキョウ、ナンミョウホウレンゲエキョウ……」

澪さんの祖母は日蓮上人《にちれんしょうにん》を信心していて、それはもう熱心に、朝晩は言うまでもなく、何かあれば時を構わず、お題目「南無妙法蓮華経」を大声で唱える。子どもの頃、澪さんはしょっちゅう昼寝をする性質だったのだが、二階の子ども部屋で寝ていると一階の仏間からこれが聞こえてくるため、祖母の葬式の夢を見てしまったこともあった。

澪さんの家は、防音という概念が無い頃に建てられた古い日本家屋で、壁が少なく襖が多い。だから、お題目がほぼ素通しで聞こえてきてしまうのだ。

祖母の信徒仲間が仏間に集って一斉にお題目を上げはじめると、その大音声は家全体を圧して響き渡った。

小学二年生の頃の夏の午後、いつもの昼寝をしていたら、階下でお題目が始まった。

祖母の畑で友だちと西瓜を盗んでたらふく食べたばっかりで、お腹がくちくて眠かったのに、「ナンミョウホウレンゲエキョウ」が煩くてしょうがない。

それでも目を閉じて眠ろうと頑張っていたのだが、どういうわけかお題目を唱える声が階段を上って近づいてきた。

祖母とは違う声だ。祖母と仲が良い信徒さんだろうと思うけれども、なぜ二階へ……。不思議に思っていたところ、その声がどんどん傍へ近寄って、ほとんど耳もとと言ってもいいぐらい間近から聞こえはじめた。

——こんなことは初めてだ。私のために拝んでくれているのかしら？　なんだか、それこそお葬式の仏さんにされたようで嫌な感じだなぁ。

それにこれでは全然眠れない。

苛々して目を開けて声の方を振り向いたら、真っ白な靄が人型の塊になって枕もとに座り、ニヤニヤ笑いながら両手を合わせてお題目を唱えていた。

悲鳴をあげて飛び起きると、たちまちそいつは薄れて消えた。

澪さんはそれから、泣きながら仏間にいる祖母のところへ駆けていって、隣に並んでお題目を唱えたのだった。

第一〇三話　仁王像と猫

千葉県山武《さんむ》市の《浪切《なみきり》不動院》こと成東山《なるとうさん》不動院長勝寺《ちょうしょうじ》は、昔、漂流した漁船をこの寺の灯が救ったと言い伝えられており、海の守り神として崇拝されてきた。そもそも行基《ぎょうき》菩薩が七三一年に海難除け祈願の不動明王を刻んで開基、その後、弘法大師がこの地に移して建立《こんりゅう》したのが始まりとされる。

寺の特徴は、阿吽《あうん》一対の仁王像を収めた朱塗りの山門と、同じく朱で塗られた三方懸崖《けがい》造りの本堂、そして本堂を背後から包み込む石塚山の椎《しい》の森だ。椎の樹高は一〇メートル前後もあり、冬でも緑色の葉を枯らすことがない。秋には森の中がドングリでいっぱいになる。

ある日、小学五年生の澪さんは、祖母からこの浪切不動院の傍の店までお使いを頼まれた。浪切不動院は小学校の通学路の途中にある。祖母に教えられた店は、山門の正面の道のほぼ突き当たりだったので、道に迷うこともなく、お使いは簡単に済んだ。

この辺りの大人は車で移動するから、登下校時でもないと歩く人が乏しい。いつのまにか黄昏どきで、景色が薄暗く沈んでいた。急いで帰ろうとして歩きだしたところ、

「おじょうちゃん、どこに行くの？　キミ可愛いねぇ。何歳？」

と、怪しい男が声を掛けてきた。

本能が「逃げろ」と叫び、澪さんは浪切不動院の山門まで真っ直ぐ走っていった。

男が追い駆けてきている気がして振り向きかけた……そのとき、山門の下で「ニャー」と猫が鳴いた。見れば何度か遊んだことがある近所の野良猫だ。尻尾をピンと立てて「ついて来い」というように澪さんを振り返りながら阿形の仁王像の囲いに入った。

澪さんも猫に続けて仁王像の横に隠れた。猫は仁王像の台座に飛び乗って、澪さんを見守る態勢を取った。

間もなく、さっきの男が山門に現れた。仁王像を囲む低い柵の中は丸見えになるはずで、澪さんは縮みあがった。これでは袋の鼠である。

飛び出して逃げようとも思ったのだが、猫にきつく睨まれたので躊躇した。

そのうち、おかしなことに気がついた——男の視線は明らかに澪さんの上を行ったり来たりした。なのに何も見えなかったかのように探す素振りを続けているのだ。

しばらくすると、男は山門を離れて立ち去った。

澪さんは胸を撫でおろした。そして柵の外へ出ようとしたのだが、猫が前肢を伸ばして触れてきた。「待て」と言われているような感じがした。

一〇分ほど経つと猫が台座から下り、先に立って歩きだした。猫の後ろをついて行ったら、ちゃんと澪さんの家に到着した。玄関の中に入るまで、猫は澪さんを見守っていた。

第一〇四話　モンステラの怪

拙著『実話奇譚　怨色』に収録した「大江山《おおえやま》のハミング」に登場した雅紀《まさき》さんから続報が届いた。「うちで五、六年前から起きていた怪異の原因がわかりました」と言うのである。「大江山のハミング」では、彼の住むマンションが京都府の大江山の麓にあることから、大江山が持つ一種の魔力が怪異の原因のように匂わせて書いた。雅紀さん自身がそう感じていたせいもあるが、なにせ、麻呂子親王《まろこしんのう》鬼退治伝説、『古事記』にある土蜘蛛《つちぐも》退治伝説、酒呑童子《しゅてんどうじ》伝説がある大江山なので、私が勝手に伝奇ロマン風の想像を膨らませた次第だ。

ところが雅紀さんによると、家で頻発する原因は、彼が育てている、ある一株のモンステラが引き起こしていたようなのだ。

モンステラはサトイモ科に属し、深い切り込みが入った大きな葉とエキゾチックな雰囲気で人気のある観葉植物だ。問題のモンステラは六年前に入手したときは小さかったが、今や高さ一五〇センチ、幹の直径八センチ、葉の直径は八〇センチという堂々たるサイズに育った。雅紀さんは植物学者だった父の影響で植物に関しては玄人跣《くろうとはだし》で、モンステラを育てた経験も豊富だったが故に、これほど立派に育成できたわけであろう。

「この子を手入れすると変なことが起きるという規則性に気づいたんです」と彼は言う。

『怨色』で書いたように、雅紀さんの自宅では、室内でハミングが聞こえたり、大勢の人の気配がしたり、幻の怪鳥が部屋に飛び込んできたりしていた。

それらが、手入れ――ことに挿し木や株分けのために、葉や気根などをハサミで剪定《せんてい》した直後に起きるのだという。この「規則性」に気づいたのは三月頃、いちばん大きく育っていた葉がエアコンの風に当たったせいで変色したので、バッサリと切り落とした直後に、目には見えない太い蔓《つる》が全身に巻きついて締めつけられたのがきっかけだった。

「葉を切ったせいだと閃きました。だからこの子に声を出して謝ったんです」

懸命に「ごめんなさい、許してください」と謝ったところ、見えない蔓が解けた。

それからは、このモンステラを手入れする際には、事前に「なぜ今こういうことをするのか」と丁寧に理由を説明してから行うようにした。

すると家では怪異現象が一切、起きなくなったのだという。

「自分で買ったわけじゃなくて、友人の美容室の開店祝いとして福岡の植物園から別の観葉植物を取り寄せたら、なぜか同封されていたモンステラなんです。オマケで付けてくれたのだと思って植物園に確かめもせず育ててきましたが、あのとき怪しむべきだったのかもしれません。この子には意思と超能力があるんですよ、たぶん……」

第一〇五話　変なものが棲む界隈

大江山の麓に住む雅紀さんは、たまに近所で変なものを視てしまうのだという。

たとえば——彼は朝の五時頃に犬の散歩に出掛けるのだが、今年の三月、散歩の途中で、路駐されている赤いハッチバックのセダンの後部座席から七歳ぐらいの子どもが車の外に身体を乗り出していることに気づいた。最初は「危ないな」と思っただけだった。車で待たされている子どもが退屈して窓から出ようとしているのだろうと推測したのだ。

ところが近づいていってみると、子どもは車のドアから擦り抜けていた。そしてまた、前のドアを擦り抜けて助手席に納まった——驚いて車に駆け寄ると消えてしまったのだが。

また、向かいのマンションの一階にいる奇妙なものを目撃したこともある。

彼の部屋からはそのお宅のベランダが丸見えで、先方にもそれがわかるようで、そのベランダにあるドアは今まで一度も開いていたことがなかった。

そのドアが、ある朝、開いていた。

ドアの内側に何かいるので目を凝らしたところ、三歳児ぐらいの大きさの奇妙なものが外を向いて、お遊戯の「糸巻き巻き、糸巻き巻き」のような仕草をしていた。

人間ではない。顔が焦げ茶色で異様に小さく、目や口が綴じられており、いつか博物館で見た首狩り族の干し首にそっくりだ。動いていなければミイラだと思うだろう。ゾッとしたそのとき、飼い犬が足もとに擦り寄ってきたので視線を外した。そして、もう一度見直すと、何事も無かったかのようにドアが閉じていた。

つい最近も、午前三時半頃、自転車で桂川《かつらがわ》に架かった橋を渡っていたときに、怖いものを視てしまった。彼は午後一〇時から午前三時まで、ある会社の防音室を貸してもらえることになっていて、週三回、通っている。その行き帰りに桂川を渡るわけだ。

橋の長さは約五〇〇メートルぐらいで、自転車の歩道通行推奨の標識がある。だからこの橋ではいつも歩道を走るのだが、渡りはじめたら前方に小さく人影が見えた。「横をすり抜けるときにあの人を引っ掛けないように注意しなくちゃ」と思いながら自転車を漕いだ。

自転車の方が人より速い。どんどん追いつく……。

接近するにつれて、気がついた。前を行くヤツの背丈が伸び縮みしていることに。

ニューーッと三メートル近く伸びたり普通の背丈に戻ったりを繰り返している！

橋を渡り切る寸前に完全に追いつき、追い抜く瞬間にはハアハアという息遣いが聞こえた。だが、追い抜いてから振り返ったら、ジョギング中の普通の若い男に変じていた。

第一〇六話　千里眼

体験談を応募してくださった方と友情を結ぶことがある。東京都在住の画家、幹也《みきや》さんもその一人で、応募以前から面識があったことも手伝って、数年来、交友している。

今年の四月三〇日のこと、幹也さんからスマホにメッセージが送られてきた。アメリカにいるうちの息子の安否を気遣う問いかけだったので、心配ないと答え、そこから会話が始まった。お互いの近況を報告し合っていたところ、彼が岐阜県に家を一軒買ったので近々転居するつもりだと言ったから、私は「いいですね」と羨ましがった。

すると、幹也さんは「いいのかな。その家の周りには田圃《たんぼ》しかないし僕は料理が作れないから餓死するかもしれません」と言うと、間を空けずにこう続けた。

「そうだ。本棚の裏にある死体の写真を手放すことを考えませんか？」

――私は唖然としてしまった。話題の切り替えが急だったせいもあるが、それよりも家族すら知らない私の秘密を、正確に言い当てられたからだ。

「なんですか、それ？」と私はとぼけた。彼は容赦してくれなかった。

「川奈さん、持ってますよね」――疑問符も付けない、確信に満ちた指摘である。しょうがない。私は開き直ることにした。

「ええ。私なら、本棚と壁の隙間に釣崎清隆《つりさききよたか》さんから頂戴した死体の生写真を隠してますけどね！　家族が嫌がりそうだから。でも、なんで知ってるんですか？　怖いな！」

「その本棚は窓際に置いてありますね。窓から隣の二階建ての家の屋根が見えますよね」

これもその通りだった。幹也さんは我が家を訪ねたことはなく、うちの室内の写真を私や家人が公開はおろか撮ったことすら一度もないというのに。

幹也さんに霊感があることは取材を通じて知っていた。何度も怪異を体験する人には強弱の違いはあれど霊感が備わっているものだとも思う。

しかし千里眼もお持ちだったとは！「凄いとしか言いようがない」と私は嘆息した。

そうしたところ、「そこに置いておくのは良くないと感じたことはありませんか」と彼は不気味なことを言いだした。

――死体写真と結びつけて考えたことはないけれど、黄昏から深夜にかけて、その部屋からは人が歩きまわる足音や衣擦れ、関節を鳴らす音が聞こえてくるのだが。

「その写真から怨念を感じます」

確かに、それは事故死した女性の手首から千切れた美しい片手が血溜まりに浸った景色を写したもので、彼女は失った片手と命を惜しんでいるに違いないのだが……。

見たこともないのになぜわかる？　と、思った途端「視えてますよ」と彼が応えた。

第一〇七話　鬼姫――橋姫の妬心――

私はこれまでに女・男・女の三角関係に陥ったことが一度だけあり、その時分は嫉妬に狂った女性の影を至るところに見い出して、ずいぶん怖い思いをした。

駅のホームや歩道の端、橋の上に立つと必ず彼女が傍に現れて、殺意を籠めて睨みつけてくるのだ。

いつか殺《や》られると恐れていたら、とうとう歩道橋の階段から転げ落ちた。幸い足を挫いただけで済んだが、あのとき背中を押した二つの掌の感触は、今でもまざまざと憶えている。

咄嗟に、彼女の生霊に突き落とされたと思い込んだものだ。しかしやがて、生霊の仕業などではなく、すべて私の幻覚だったに違いないと考え直した。

なぜなら、それを見はじめたのは、彼女が罪つくりな男に刃物を突きつけて、命からがら逃げてきたその男と私が逃避行していた、ちょうどその頃だったから。

後ろめたさに恐怖が加わった挙句、居もしない生霊をこしらえてしまったのだろう。

妬みというのは恐ろしいもので、二〇一一年七月に京都府木津川《きづがわ》市で高級クラブのアルバイト店員が男性客の恋人から殺害される事件があった。

犯人は被害者を恋敵だと勘違いし、尾行して家を突き止めると、持っていた刃物で数ヶ所を刺して殺してしまった。現場は血の海で、酸鼻《さんび》を極めたという。

この事件の報に触れたときは、三角関係経験者としては震えあがるばかりであった。

また、事件が起きた場所が京都だったことから《宇治の橋姫《うじのはしひめ》》を想い越して、昔から嫉妬は女を鬼に変えるものだと言われてきたが本当だったなぁと思ったものだ。

京都府宇治川の宇治橋で祀られている宇治の橋姫は、典型的な《鬼女》の原型だ。これが登場したのは『平家物語』の異本『源平盛衰記《げんぺいせいすいき》』に収録されている「剣巻《つるぎのまき》」で、嵯峨天皇の御世（八〇九─八二五年）に起きた出来事として書かれている。

とある公卿の娘が深い妬みに囚われ、貴船《きふね》神社に七日籠って貴船大明神から「鬼になりたければ、姿を変えて宇治川に二一日間浸れ」との託宣を受けた。

そこで娘は、髪を五束に分けて五本の角を作り、顔に朱をさし体には丹を塗って全身を赤く染め、松明を灯した鉄輪を逆さに頭に載せ、さらに両端を燃やした松明を咥えた上で、宇治川に二一日間身を浸した。すると、本当に生きながら鬼になり、妬んでいた女を手始めに、手当たり次第に人を殺しはじめた。

その頃、源頼光《みなもとのよりみつ》の四天王の一人、源綱《みなもとのつな》が一条堀川の戻橋で肌が雪のように白い美しい娘と出逢った。この娘こそが橋姫で、綱が近づくと鬼に変化して襲いかかった。綱が刀で断ち斬った鬼の腕は真っ黒で猛々《たけだけ》しく、色白の娘の片鱗《へんりん》も無かったという。

第一〇八話（跋）鬼姫――鬼姫生伝説――

岐阜県揖斐《いび》郡の奥いび湖は、一九五七年に着工した横山ダムに伴って出来た人造湖で、民家や寺社など人々の暮らしの歴史が水底に眠っている。

藤橋村字《ふじはしむらあざ》《鬼姫生《きびゅう》》という集落もその一部で、湖畔に鬼姫生の墓を改葬した墓地と石碑がある。地名の由来は鬼になった女の里だからというもので、『新撰美濃志《しんせんみのし》』に「むかし女の鬼に成りたるがここより出でし故、里の名となりしよしいひ伝へたり」と記されている。

藤原道家《みちいえ》の兄で天台宗寺門派の僧侶だった慶政《けいせい》上人が鎌倉時代に著した仏教説話集『閑居友《かんきょのとも》』の「恨み深き女、生きながら鬼になる事」という一篇が、この鬼姫生伝説を書き留めたものだという。今回の本の副題「鬼姫」に因《ちな》んで、中川聡《なかがわさとし》氏による同書の校訂文を読んでみた。これを現代語に抄訳したものを最後に綴って、締め括りたいと思う。


――そう遠くない昔に、身分卑しからぬ男がいた。彼は美濃国の娘のもとに通って交情していたが、遠方に住むがゆえに足しげく通うというわけにいかなかった。

男を待つうちに、世間知らずの娘の心には憂《うれ》わしい猜疑心が芽生えた。

すると男は娘の暗い心を垣間見て怖がり、かえって足を遠ざけた。

絶望した娘は食を断ち、独りで部屋に籠るようになった。折悪しくこれがちょうど師走の頃だったために、家人は年始の支度に追われて、誰も娘の変調に気づかなかった。やがて娘は髪を五つの髻《もとどり》に結いあげて、飴《あめ》で塗り固めて角を作った。そして紅の袴を穿くと、宵闇に紛れて何処かへ走り去った。

そして三〇年余りも年月が経った。娘の両親をはじめ家族は皆、亡くなってしまった。

その頃、村はずれにある朽ちかけた御堂に鬼が棲んでいるという噂が立った。鬼が御堂の天井に隠れるところを遠くから見た者が何人かあり、この鬼が牛飼いの子どもを喰い殺したというので、近隣の集落の者たちが集まって、皆で鬼を退治することになった。

大勢が弓に矢をつがえて取り囲む中、御堂に火をつけると、五本の角を生やして赤い裳を腰に巻いた、たとえようもなく不気味なものが天井から飛び降りてきた。

そして、さめざめと泣きながら、「聞いてください。私はある家の娘でした。嫉妬心に駆られ、こんな姿で家を出ると、恨めしい男を取り殺しました。その後、元の姿に戻ることが出来なくなったがために、ここに隠れておりました。長い間、夜となく昼となく身の内が焼かれるような苦悩に苛まれていて、もう耐えることができません。どうか皆さんで私を供養していただけませんか。私が死んだら、必ずこの話を妻や娘に伝えて、妬心を起こすなと戒めてあげてください」と言い残すと、燃え盛る炎に飛び込んで焼け死んでしまった。

◉参考資料（敬称略／使用順）

『維摩経』長尾雅人訳注（中央公論社）
《大島てる》http://www.oshimaland.co.jp/
《全国怪奇現象ファイル　常紋トンネル》https://shinreispot.com/joumon-tunnel/
『常紋トンネル―北辺に斃れたタコ労働者の碑』小池喜孝（朝日新聞社）
《東京ビッグサイト　ホームページ》http://www.bigsight.jp/
《絶景ドライブルート　水と緑に囲まれた宮ヶ瀬湖畔を走るレイクライン》GAZOO https://gazoo.com/drive/route/180309.html
『いわき市の歴史等について』PDF文書（いわき市）http://www.city.iwaki.lg.jp/www/contents/1001000004062/simple/iwaki-history.pdf
『常磐地区』PDF文書（いわき市）http://www.city.iwaki.lg.jp/www/contents/1001000004088/simple/05jyoban.pdf
『弁才天信仰と俗信』笹間良彦（雄山閣出版）
《泉龍寺ホームページ》http://www.senryuji.or.jp/
『妻と犬連れ日本一周、車中泊の旅』青柳健二（Kindle）

◉参考資料（敬称略／使用順）

『棚田を歩けば』青柳健二（福音館書店）
『オオカミは大神　狼像をめぐる旅』青柳健二（天夢人）
『神葬祭大事典　縮刷版』加藤隆久（戎光祥出版）
《このまちアーカイブス　麻布・赤坂》三井住友トラスト不動産
https://smtrc.jp/town-archives/city/azabu/p03.html
『地形を楽しむ東京「暗渠」散歩』本田創編著（洋泉社）
《コトバンク　黒田長溥》https://kotobank.jp/　→黒田長溥を検索
『岡山「地理・地名・地図」の謎』柴田一監修（実業之日本社）
《【岡山県】古き良き鉄道の景色と山や川の自然が美しい「片鉄ロマン街道」サイクリング》
TABIRIN　https://tabi-rin.com/archives/article/11169
《昔懐かしい釣りアニメ特集！釣りを身近に感じることのできた名作釣りアニメをチェック》
（FISHING JAPAN編集部）　https://fishingjapan.jp/fishing/7095
《九州近代歌謡遺聞　キャバレー編〈142〉進駐軍　戦後の歌のスタート》（西日本新聞）
https://www.nishinippon.co.jp/item/o/16629/
《劇症型溶血性レンサ球菌感染症とは》（国立感染症研究所）
https://www.niid.go.jp/niid/ja/kansennohanashi/341-stss.html

《埼玉県⑪　義経伝説と滝のある道》（埼玉県環境部みどり自然課）
https://www.pref.saitama.lg.jp/a0508/shisetsu/documents/no11gaiyoumen.pdf
《お寺めぐりの友》https://hakataboy.com/
『ふるさと筑豊　民話と史実を探る』朝日新聞筑豊支局編（朝日文化センター）
《JR西日本列車運行情報（京都・神戸線）【公式】》@jrwest_kinki_a
https://twitter.com/jrwest_kinki_a/status/1233356885278916608
《岩内観光協会ホームページ》https://www.iwanai-kanko.org/
《いっぱちの社長の独り言（一八興産水産株式会社）》http://www.ippachi.co.jp/blog/
《岩内町郷土館ホームページ》http://www.iwanaikyoudokan.com/index.html
《怖いし辛い金縛り。睡眠専門医に聞く原因と対処法！》談話・中村真樹（東京西川）
https://www.nishikawasangyo.co.jp/column/sleep/20200206113625/
《日本文化いろは事典》（オオミシマワークス）http://iroha-japan.net/
《教えてお寺・神社さん　厄除けの歴史》（株式会社オールライト）
https://www.oshiete-oterasan.com/c-yakubaraiqanda06.html
『ITが実現する新たな輸送業務改善システム』麦屋安義、河内正雄／PDF文書（東芝レビュー）　https://www.toshiba.co.jp/tech/review/2003/09/58_09pdf/a06.pdf

《希少がんセンターホームページ》https://www.ncc.go.jp/jp/rcc/index.html
《成田山新勝寺ホームページ》https://www.naritasan.or.jp/
《クワガタが好むのは桜の木?·栗の木?·雨上がりの翌日が狙い目って本当?·》(みんなの夏休み)
https://natsuhack.com/archives/1195
《みやこ百科事典　ミヤペディア》(ミヤペディア実行委員会) http://miyapedia.com/
『宮古市史 民俗編(下巻)』宮古市教育委員会編(宮古市・平成六年度版)
『蛇　不死と再生の民俗』谷川健一(冨山房インターナショナル)
『聴耳草紙』佐々木喜善(筑摩書房)
《明治からの贈り物〝画鬼〟河鍋暁斎の傑作「地獄極楽めぐり図」を修理後初公開》
(静嘉堂文庫美術館) http://www.seikado.or.jp/exhibition/2018003.html
《不動院》(神社・寺院検索サイト　八百万の神) https://yaokami.jp/1127317/
《みんなの趣味の園芸》(NHK出版) https://www.shuminoengei.jp/
『閑居友』校訂本文著作権者・中川聡/影印「閑居友」尊経閣文庫本/CC BY-SA 4.0(勉誠社) http://yatanavi.org/text/kankyo/index.html
《鬼姫生》(村影弥太郎の集落紀行)
http://www.aikis.or.jp/~kage-kan/21.Gifu/Fujihashi_Kibyu.html

『新訳平家物語　下巻』渋川玄耳著（金尾文淵堂　大正三年）
国立国会図書館デジタルコレクションhttps://dl.ndl.go.jp/info:ndljp/pid/968936
『新撰美濃志』岡田啓著（出版者・神谷道一　一九〇〇年）
国立国会図書館デジタルコレクションhttps://dl.ndl.go.jp/info:ndljp/pid/993950

一〇八怪談 鬼姫

2020年8月5日　初版第1刷発行

著者　川奈まり子
企画・編集　中西如(Studio DARA)
発行人　後藤明信
発行所　株式会社 竹書房
〒102-0072 東京都千代田区飯田橋2-7-3
電話03(3264)1576(代表)
電話03(3234)6208(編集)
http://www.takeshobo.co.jp
印刷所　中央精版印刷株式会社

定価はカバーに表示しています。
落丁・乱丁本の場合は竹書房までお問い合わせください。

ISBN978-4-8019-2344-7　C0193